危機に立つ国立大学

光本　滋

目次

CPCリブレ　No.4

はじめに

国立大学はいま、危機の中にあります。その危機とは、国立大学に対する国家統制が格段に強まり、大学が政府の下請け機関となっていることです。

国立大学には国の予算が使われているのだから、政府の方針に従うのは当然だという声も聞こえてきそうです。確かに、国立大学全体の運営費として国から措置される金額（二〇一五年度で約一兆一〇〇〇億円）のうち五割弱は国民の税金です。これを十分と見るかはさまざまな意見があると思いますが、一定規模の予算が国立大学に投入されていることは間違いありません。国立大学が国の予算により運営されているのは、大学が行う学術研究・高等教育を通じて、国民の学問の自由、教育を受ける権利を保障していくためです。もし、国立大学のあり方がこうした目的にそぐわないのであれば、何らかの改革を行っていかなければなりません。

現在、政府はさまざまな改革を国立大学に対して求めています。それは、国立大学が「社会的要請」に応えて、本来の使命を果たすためだと説明されます。政府が求める改革にも、「社会的要請」に応える面はあるでしょう。しかし、その内容は、学術研究や高等教育の発展よりも、産業政策、科学技術政策、経済のグローバル化への対応など、そのときどきの国策に対応した大学改革を推進するものが圧倒的な比重を占めています。

学問の継承・発展や教育による人間と社会の形成の成果は長いスパンで評価すべきことがらです。各分野の学術研究と高等教育を安定的に行っていくことのできる条件整備を行った上で、対象や期間を絞って重点投資を行うというのであればうなずけます。しかしながら、現在行われている政策は、特定分野に公的資金を重点的に投資するために、他の分野に配分される資金を削減しているのが実態です。こうした流れが、これまで維持・発展させてきた諸分野の基盤を掘り崩し、日本の学問・教育を弱体化させてしまうことが危惧されます。

他方、重点配分の対象となる分野や内容もよく吟味されねばなりません。政府は近年、さまざまな改革を推進するための資金を創設しています。国立大学は、二〇〇四年に法人化されて以来、毎年、国から措置される予算が削減されており、多くの大学は、資金の不足を補うために資金獲得に走らなければならないのが現状です。その結果、獲得した資金によって行っている改革が、本当に大学がとりくむべきものなのか、社会にとって必要なものなのか問うことをしなくなっている傾向があるように思われます。そうだとすれば、独立的かつ自律的に社会との応答関係を行っていかなければならない学問と教育にとって深刻な事態だと言わなければなりません。

今日の国立大学に広がっている事態は、日本の学術と教育のあり方、さらには日本社会の危機とつながる深刻な問題をはらんでいます。これらは複雑であり、小さなブックレットで論じるにはあまりに大きなテーマです。そこで、本書では、主に、現在の国立大学の状況を生みだしているしくみと、このしくみを使って進められてきた改革を対象にして、問題を考察していきたいと思います。

第一章では、国立大学の学部・大学院組織の動向と問題を検討します。国立大学の組織再編を推進するために、政府は、教員養成系学部・大学院と人文社会科学系学部・大学院の不要論を公然と唱えはじめました。この論は、学問と教育に対する偏波な見方にもとづくものですが、それだけでなく、国家統制が法律の枠をはみ出すかたちで進行し、大学自治の破壊が進んでいることを明らかにします。

第二章では、国立大学に対する国家統制の展開を追っていきます。今日の国立大学改革は、二〇一二年につくられた「大学改革実行プラン」の具体化として行われています。当時は民主党政権下でしたが、自民党・第二次安倍政権以降も、基本的な流れは変っていません。このことは、国立大学の危機が、国立大学が抱えてきた問題に根ざすものであることを物語っています。

第三章では、国立大学の基本問題である組織運営と財政の問題の歴史をさかのぼります。組織権・財政権を持つことが国立大学が政府から独立性を保つために必須の条件であることは、戦後改革期からくり返し指摘されてきました。しかしながら、その方向での改革は行われないまま、行政改革の中で組織のスクラップ・アンド・ビルドが求められるようになり、あわせて国家統制も強化されてきたのが今日までの国立大学のあゆみなのです。

第四章では、国立大学法人化の問題の構造を明らかにします。「法人化されることによって大学の自律性が高まる」という文句が怪しいことは、国立大学法人法の制定過程でも、多くの関係者が指摘してきました。政府は、法律上問題があっても運用により何とかなると説明してきましたが、法人化から一〇年余りが経過し、その論理が完全に破綻していることを明らかにします。

第五章では、世界の大学の状況との対比において日本の国立大学の位置を確認し、国立大学の危機打開の方向について私見を述べます。

第一章　国立大学の大再編

国立大学の研究・教育組織再編の動き

二〇一五年一〇月、文部科学省（文科省）は、全国の国立大学法人の第三期中期目標※の「素案」をホームページで公表しました。それらを見ると、二〇一六年度以降、多数の大学が学部、研究科（大学院）などの研究・教育組織※※の改編を計画していることがわかります。

※二〇〇四年の法人化以降、国立大学は、六年間の期間を区切って、その期間において国立大学が達成しようとする事項を定め、評価することにより、組織・業務のあり方を見直していく制度となりました。二〇一六年度からは、第三期目の中期目標期間（二〇一六～二一年度）を迎えることになります。

※※「研究・教育組織」とは、学部・研究科など、文字通り、研究と教育を行うことを目的とする組織のことです。大学の基本組織とも呼ばれます。これらの組織のことを法令上は「教育研究組織」と表現していますが、大学教育は自ら研究を行うことにより成り立っていることや、「教育研究」の用語は、一般に教育を研究するという意味で用いられることから、本書では、法令上の用語以外の箇所では、「研究・教育組織」という語を用いています。

表１　第三期中期目標期間における学部組織の改編

○教員養成課程の規模見直し
北海道教育・茨城・群馬・埼玉・横浜国立・山梨・滋賀・和歌山・香川・愛媛・高知・佐賀・大分
○新課程の廃止・転換
茨城・横浜国立・新潟・山梨・静岡・愛知教育・三重・大阪教育・福岡教育・熊本・大分・鹿児島
○新学部等の設置
茨城（人文社会学部）・東京外国語（国際日本学）・東京海洋（総合的な教育研究組織）・新潟（地方創生）・金沢（振興分野・分野融合型）・福井（国際地域学部）・信州（先端領域融合研究、現代社会の課題解決）・静岡（情報学部、農学部新学科、地域創造学環）・滋賀（データサイエンス学部）・大阪（異分野統合・新学術領域）・神戸（新学部）・島根（成熟社会で活躍する実践的人材養成を目的とした新学部）・徳島（生物資源産業）・愛媛（社会共創学部）・高知（防災工学・応用科学）・大分（福祉健康環境学部）・宮崎（地域資源創成学部）
○学科再編・大括り化
茨城・筑波技術・群馬（社会情報学部）・埼玉・お茶の水女子（ジェンダー視点）・横浜国立
○理工系の強化・定員増
山形・茨城・埼玉・横浜国立・富山・三重・佐賀・大分（工学部に理の要素、工学研究科再編）
○学部・大学院一貫教育
室蘭工業・茨城・東京工業・上越教育・福井・浜松医科・愛知教育・名古屋工業・九州工業

表２　大学院組織の改編

○教職大学院設置
弘前・福島・茨城・千葉・横浜国立・新潟・金沢・信州・滋賀・和歌山・島根・広島・山口・愛媛・高知・熊本・鹿児島
○教育学系研究科の縮小・廃止、実践的指導力強化（検討含む）
北海道教育・宇都宮・埼玉・新潟（他の研究科に組み込み）・富山・福井・信州・愛知教育・京都教育・大阪教育・兵庫教育・山口・香川・愛媛・高知・福岡教育・熊本・大分・鹿児島
○法科大学院の入学定員の検討・見直し
東北・琉球

表１、表２とも、文部科学省ホームページ「各国立大学の第３期中期目標・中期計画の素案（平成27年６月）」をもとに著者が作成。

表1、表2は、現在公表されている全国の国立大学法人の第三期中期目標・中期計画「素案」のうち、「教育研究組織の見直しに関する目標・計画」の内容を整理したものです。表1は学部レベルの組織改革、表2は大学院レベルの組織改革の実施を予定している大学の一覧です。この中には、名称や改組を行う年度を含めて、はっきりした計画を持っている大学もありますが、組織改革の大まかな時期や方向を提示しているだけの大学も含まれています。また、あくまでこれは「素案」ですので、今後書き直されていく可能性があります。

中期目標・中期計画の「素案」は各大学が策定したものですが、並べてみると、いくつかの傾向、動向があることがわかります。一つは、教員養成系学部・大学院の改革が全国的に行われていることです。その内容は、教育養成課程の規模の見直し、教員免許取得を卒業要件としない、いわゆる新課程の廃止・転換、教職大学院の設置、そして、教育学系研究科の縮小・廃止（大学院組織の教職大学院への一本化）です。教員養成系学部・大学院組織を教員養成課程と教職大学院に〝純化〟し、かつ各大学の所在地域の教員数の需要と連動させていこうとする流れが顕著だと言えます。二つ目は、相当な数の学部の新設が企画されていることです。そして、新設学部には、これまでの国立大学には存在しなかった名称が目立ちます。三つ目は、定員増、学部・大学院の一貫教育など、理工系を強化していこうとする動きが見られることです。

大臣「決定」＝文科省の命令

多くの国立大学がいっせいに同じような方向に向けて研究・教育組織の改革に走り出そうとしている大きな理由は、文科省の命令があることです。二〇一五年六月八日、文科省は、「国立大学法人の組織及び業務全般の見直しについて」と題する文部科学大臣（文科大臣）の「決定」を各国立大学法人に宛てて通知しました。この文書の中に、次のようなくだりがあります。

（1）「ミッションの再定義」を踏まえた組織の見直し

「ミッションの再定義」で明らかにされた各大学の強み・特色・社会的役割を踏まえた速やかな組織改革に努めることとする。

特に教員養成系学部・大学院、人文社会科学系学部・大学院については、一八歳人口の減少や人材需要、教育研究水準の確保、国立大学としての役割等を踏まえた組織見直し計画を策定し、組織の廃止や社会的要請の高い分野への転換に積極的に取り組むよう努めることとする。

（2）法科大学院の組織の見直し

法科大学院について、「公的支援の見直しの強化策」を踏まえ、司法試験の合格状況や入学者選抜状況等を考慮に入れ、入学定員規模の適正化や教育の質の向上を目指すとともに、特に司法試験合格率が著しく低い場合や適切な入学者数を確保する見込みがない場合等、課題のある法科大学院は、組織の廃止や連合も含め、抜本的な見直しに努めることとする。

（3）その他の組織の見直し
その他の組織についても、その必要性等について不断に検証・検討することのできる体制を確立するとともに、審議会における各種提言等を踏まえ、必要に応じて、大学間連携や入学定員の見直しなど、柔軟かつ機動的な組織改革を実施するよう努めることとする。

このように、「決定」は、国立大学のすべての研究・教育組織について必要性を検討することを求めています。その方向は、「ミッションの再定義」（後述）という各大学が文科省に提出した文書に従うこととし、特に、教員養成系学部・大学院、人文・社会科学系学部・大学院は廃止や「社会的要請の高い分野」へ転換すべきというのです。また、法科大学院も司法試験の合格状況などに応じて廃止・再編すべきとしています。

この「決定」に従って、各国立大学法人は、二〇一六年度からの第三期中期目標の中で、先に見たような組織改革にとりくむことになったのです。ところが、各大学から出された中期目標・中期計画の「素案」はなお十分ではないとして、文科省は国立大学法人評価委員会を使って、具体的な計画を立てていない大学には書き直しをさせる方針です。文科省のこのような姿勢は、内容と手続きの両面にわたって重大な問題をはらんでいます。

学界・世論から相次ぐ批判

文科省が国立大学の人文・社会科学系の学部などの組織改廃の方針を通知したことに対して、日本の学界の代表者で構成される日本学術会議は、「人文・社会科学のみをことさらに取り出して『組織の廃止や社会的要請の高い分野への転換』を求めることには大きな疑問がある」とする幹事会声明を発表しました（「これからの大学のあり方―特に教員養成・人文社会科学系のあり方―に関する議論に寄せて」二〇一五年七月二三日）。

声明は、大学は社会の中にあり、社会に支えられているものであるから、社会的要請に応えることが要請されていることを強く自覚すべきと述べた上で、次のように言います。

> 「社会的要請」とは何であり、それにいかに応えるべきかについては、人文・社会科学と自然科学とを問わず、一義的な答えを性急に求めることは適切ではない。具体的な目標を設けて成果を測定することになじみやすい要請もあれば、目には見えにくくても、長期的な視野に立って知を継承し、多様性を支え、創造性の基盤を養うという役割を果たすこともまた、大学に求められている社会的要請である。前者のような要請に応えることにのみ偏し、後者を見落とすならば、大学は社会の知的な豊かさを支え、経済・社会・文化的活動を含め、より広く社会を担う豊富な人材を送り出すという基本的な役割を失うことになりかねない。

文科大臣「決定」が、特定の大学組織を「社会的要請」に応えていないと決めつけ、改革を迫っていることに対する強い批判です。

新聞各社も、おおむね批判的な見解を連ねてきました。読売新聞は、六月一七日付社説で、『社会的要請』を読み誤って、人文社会系の学問を切り捨てれば、大学教育が底の浅いものになりかねない」と述べました。日本経済新聞の七月一九日付社説は、「こんどの要請は『すぐに役に立たない分野は廃止を』と解釈できる不用意なものだ。文科省は大学界を混乱させている通知を撤回すべきである」と強い調子で批判しています。地方紙にも、この問題を深刻に受けとめているものは少なくありません。高知新聞は、「地方の産官は地元大学により積極的な貢献を期待している」としながらも、「しかし、学問分野や組織の廃止、見直しを求めているわけではない。地域での教員養成を望む声は少なくなく、地域再生へ経済・経営学、歴史学など文系分野への期待も高い」と述べます。

さらに、九月には、日本経営者団体連合会（経団連）が文科省通知を名指しし、「今回の通知は即戦力を有する人材を求める産業界の意向を受けたものであるとの見方があるが、産業界の求める人材像は、その対極にある」とする、異例の声明を発表しました。経団連もまた、「大学・大学院では、学生がそれぞれ志す専門分野の知識を修得するとともに、留学をはじめとする様々な体験活動を通じて、文化や社会の多様性を理解することが重要」だと述べています。文科省が改革の錦の御旗にしている「社会的要請」なるものは、経済界の主張とも異なるというのです。

文科省の開き直り

各方面から通知に対する批判が相次いだため、文科省は釈明せざるを得なくなりました。とはいえ、その内容は反省を装いながらの開き直りといってよいものです。

下村文科大臣（当時）は、二〇一五年八月一〇日付『日本経済新聞』朝刊のインタビュー記事において、「教育系と人社系を狙い撃ちにしているという批判も強い」という質問に答えて、「文科省は国立大学に人社系が不要と言っているわけではないし、軽視もしていない。すぐに役立つ実学のみを重視しろとも言っていない」と述べました。ところが、下村は続けて、次のように言います。「教育系と人社系を取り上げたのには訳がある。教育学部には教員免許の取得を義務付けない『新課程』があるが、その時代的役割は終わっており、廃止すべきだ。人社系学部は養成する人材像を明確にし、それを踏まえた教育課程に基づく組織になっていることが重要なのに十分ではない。大学教育の質を転換する上で、どちらも改善の余地が大きい」。

また、二〇一五年八月一七日の「週刊ダイヤモンドオンライン」には鈴木寛文部科学大臣補佐官（当時。現文部科学副大臣）が登場し、次のように述べています。

日本学術会議は「教育における人文・社会科学の軽視」と声明文に記載しています。財務省や産業界の一部にそうした声があるる可能性は否定しませんが、文部科学省については、人文・社会科学を軽視する考えは全くありません。

現に、今回の通知のなかで、先ほどのくだりの前の主文として、『ミッション再定義』で明らかにされた各大学の強み・特色・社会的役割を踏まえた速やかな組織改革に努めること」という記載があります。

「ミッションの再定義」とは何かと言えば、国立大学の改革を進めていく中で、研究水準や教育成果、産学連携などの客観的データに基づいて、各大学の強みや特色、社会的役割を分野ごとに整理、つまり、将来的にどのような学部・研究科をつくっていくのかについて、文部科学省が国立大学と意思疎通を図りながらとりまとめたものです。もちろん、個別大学の組織のあり方も、それぞれの大学で再定義したミッションを踏まえて改革していくことになります。


これらマスコミを使った釈明だけでなく、文科省高等教育局の幹部らによる日本学術会議への訪問も行われました。九月一八日の会見で、文科省側は、「人文社会科学系などの特定の学問分野を軽視したり、すぐに役立つ実学のみを重視していたりはしない」とする文書を示しています(文科省高等教育局「新時代を見据えた国立大学改革」)。しかし、文科省はここでも、「決定」には表現が適切でない面があったかも知れないが内容上の誤りはないとしています。そして、文書を撤回しようとはしていません。すなわち、教育養成系、人文・社会系をはじめとする国立大学の研究・教育組織を「社会的要請の高い分野」へと転換すべきだという姿勢を崩していないのです。また、教員養成系学部における新課程を廃止する方針については、すでに「ミッションの再定義」で確認済みだと言います。

文科省がこのような姿勢をとり続けていることに対して、一〇月九日、国立大学法人一七大学人文系学部長会議による共同声明が出されました。声明は、文科省のこれまでの姿勢を批判し、「文部科学省は、人文社会科学の存在意義を踏まえ、一律に人文社会科学系学部・大学院の改革を迫るのではなく、それぞれの大学の特性に応じて柔軟に支援していくことを強く要望する」と述べています。文科省の国立大学政策に対して、大学側が合同で批判的声明を出すのは、国立大学法人化の是非が問われていた二〇〇〇年代初頭以来のことです。注目すべき動きだといってよいでしょう。

大臣「決定」の過ち

人文・社会科学系の学問を重要なものととらえ、短絡的な発想から組織改編を行うべきではないという学術会議や新聞各社の指摘は同意できるものです。さらに、特定分野の組織が廃止の対象とされることで、これまで国立大学が維持・展開してきた学問分野のバランスが崩れてしまうことも懸念されます。大都市部以外の地域では、国立大学を除けば、人文・社会科学系の学部がないところは珍しくありません。また、多くの県では、教員の主要な供給源は、地元の国立大学の教員養成系学部です。教員養成系学部の組織が一律に廃止の対象とされれば、教員が確保できなくなる地域が出るおそれもあります。

これまで国民の学問の自由と教育を受ける権利を支えてきた国立大学の組織を毀損することが正しい政策判断だとは思われません。さらにいえば、ほとんどの先進国では、学校数でも学生数でも最も比率が高いのは、日本の国立大学に相当する大学です。ところが、日本は、私立大学の比率が圧倒的であり、このことが学生の授業料負担が高額であることの原因ともなっています。

現状では、日本の国立大学は量的に不足しており、研究・教育分野も理工系に偏っています。特に人文社会科学系の学部・大学院は縮小・廃止ではなく、充実・拡張していくことが望まれます。

とはいえ、国立大学の学部・大学院組織はいったんつくったら、未来永劫廃止すべきでないとか、社会状況がどんなに変わろうとも、不変であるべきだというのは極論です。特定の分野を縮小して適切な分野に転換したり、組織を再編・統合しなければならない場合があることは否定できません。

大きな問題は、そうした議論を誰がどのような手続きで行っていくかです。教員養成系や人文・社会科学系の組織の改廃を求めた今回の文科省の文書は、単なる要請ではなく、文科大臣の「決定」、すなわち、法的拘束力を持つものとして作成されています。文科大臣の「決定」は、大臣が思いつきで行うものではありません。国立大学法人法は、六年間の期間を定め、期間の終了時に、業務実績の評価結果に応じて国立大学法人の組織・業務を見直していくことを定めています。業務実績を評価する際の規準となるのは、文科大臣が法人毎に定める中期目標です。現在八六ある国立大学法人に対して、文科大臣はそれぞれ異なる中期目標を定めているのです。各国立大学法人は、この中期目標に従って中期計画を策定し、文科大臣から認可を受けなければなりません。そして、計画に沿って業務を行い、中期目標期間に、国立大学法人評価委員会（評価委員会）に業務実績の評価を受けることを義務づけられているのです。

今回の「決定」は、第二期中期目標期間（二〇一一～一五年度）における組織・業務の見直しの「検討」結果を示したものです。これは、二〇一六年度からはじまる第三期中期目標の内容に反映していくことになります。ところが、「決定」は、手続きに関する重大な誤りを犯しています。それは、中期目標期間の業務実績に関する評価を経ていないことです。

二〇一四年六月の国立大学法人法（以下、法人法）の改正により、各国立大学法人は、六年間の中期目標期間の最終年度の前々年度、つまり四年度目が終了した時点で、「当該事業年度における業務の実績及び中期目標の期間の終了時に見込まれる中期目標の期間における業務の実績」について、国立大学法人評価委員会の評価を受けることが義務づけられました（法人法三一条の二第一項第二号）。そして、評価委員会がこの評価を行った後、文部科学大臣は、「中期目標の期間の終了時までに、当該国立大学法人等の業務を継続させる必要性、組織の在り方その他その組織及び業務の全般にわたる検討を行い、その結果に基づき、当該国立大学法人等に関し所要の措置を講ずる」ものとされています（第三一条の四第一項）。

このように、中期目標期間の途中で評価を行い、組織・業務の改廃を検討するのは、六年目が終わってから全体の業務実績の評価を行っていたのでは、結果に基づいて次期の中期目標・中期計画を立てることができなくなってしまうからです。この評価と結果利用の方式は、法律には明記されていませんでしたが、第一期中期目標期間に実際に行われ、今回は法改正により、正式の手続きとなりました。そして、文科省は今回の「決定」を、このような法人法の規定に則ったものだと述べています。

しかし、これはウソです。評価委員会は第二期中期目標期間においては、各国立大学法人の「中期目標の期間の終了時に見込まれる中期目標の期間における業務の実績」に関する評価を行ったことはありません。評価委員会がこれまでに実施・公表してきたのは、すべて単年度の業

表３　国立大学法人の第二期中期目標期間の終了時の「検討」「措置」、および第三期中期目標・中期計画の策定プロセス

	国立大学法人法の規定	実際の動き
第二期中期目標期間の終了時	2010（平成 22）年度（中期目標期間の 4 年度目） 国立大学法人評価委員会による評価 国立大学法人等は、中期目標の期間の終了時に見込まれる中期目標の期間における業務実績評価を受けなければならない（第 31 条の 2 第 1 項第 2 号） ↓「国立大学法人評価委員会が評価を行ったとき」 文部科学大臣 中期目標の期間の終了時までに、当該国立大学法人等の業務を継続させる必要性、組織の在り方その他その組織及び業務の全般にわたる検討を行い、その結果に基づき、当該国立大学法人等に関し所要の措置を講ずる（第 31 条の 4 第 1 項）	中期目標期間の終了時に見込まれる業務実績の評価は未実施 （各事業年度（2011（平成 23）～2014（平成 26））年度分）の評価のみ実施済）
第三期中期目標期間開始前	中期目標期間の業務実績に関する評価結果の扱い 国立大学法人自身が評価結果を受け止め、組織及び業務の見直しを行い、中期目標に反映する。政府はその中期目標に対して予算措置する。（国立大学法人法案の国会審議における政府委員答弁） 第三期中期目標・中期計画の策定 文部科学大臣は、あらかじめ国立大学法人等の意見を聞き、当該意見に配慮しなければならない（第 30 条第 3 項）	2012（平成 24）～2013（平成 25）年、「ミッションの再定義」〔法律上の規定なし〕 2014 年 8 月 6 日、国立大学法人評価委員会、「組織及び業務全般の見直し」に関する「視点」を承認〔法律上の規定なし〕 2015 年 6 月 5 日、文部科学大臣「組織及び業務全般の見直し」に関する「決定」、各国立大学法人に第三期中期目標・中期計画の“ひな形”とともに通知 6 月 30 日、各国立大学法人、文部科学省に中期目標・中期計画の「素案」を提出（10 月公表） 11 月～　文部科学省、「素案」が文科大臣「決定」に沿ったものとなっているか国立大学法人評価委員会にチェックさせ、必要に応じて各国立大学法人に書き直しを指示。各国立大学法人は、書き直した中期目標・中期計画「原案」を再提出 2016 年、「原案」に基づき、文科大臣が各国立大学法人中期目標を決定。中期計画を認可（2016 年 4 月～2022 年 3 月、第三期中期目標期間）

務実績に関する評価だけなのです。つまり、文科大臣は、法律が定めた手続きを経ずに、中期目標期間の終了時に行うとされている「組織・業務の見直し」に関する「決定」を行ったことになります。

大学自治の侵害

文科大臣の「決定」が、必要とされる手続きを踏まずに行われたことは、大学自治の侵害という、より大きな問題につながっています。

法人法は、「国は、この法律の運用に当たっては、国立大学及び大学共同利用機関における教育研究の特性に常に配慮しなければならない」（法人法三条）と規定しています。国民の基本的人権である学問の自由を保障するには、大学における研究・教育に権力的な介入・統制を行うことは許されないからです。

したがって、文科大臣が国立大学の組織のあり方について指示しようとするならば、当該の組織が行う研究・教育の専門性を十分に考慮した方法でなければなりません。中期目標期間の終了時における評価の実施は、そのために必要とされる手続きの一つです。ここでも、評価が権力的なものとならないように、国立大学法人評価委員会は専門的な体制を取るほか、研究・教育に関する評価については大学評価・学位授与機構に評価を委嘱し、各分野の専門家からの評価を受けることになっています。

今回、文科大臣はこうした手続きを経ずに「決定」を下してしまったことは先に述べた通りです。実は、「決定」の〝原型〟となる文書は、二〇一四年八月につくられ、国立大学法人評価委員会総会で承認されています。事前に、評価委員会の中にワーキング・グループをつくり、審議したとされていますが、ワーキング・グループは、議事の公開も議事録の作成・公表もしないため、どのような議論に基いて〝原型〟がつくられたのか、真相はまったくわかりません。中期目標期間の業務実績の評価を行うことが主な任務である国立大学法人評価委員会から、第二期中期目標期間の業務実績に関する評価を経ないうちに「決定」の〝原型〟をつくるのはおかしいのではないかという疑問が出てこなかったのも不可解です。

大学自治の侵害につながるというのは、文科大臣「決定」が、各大学が作成する次期中期目標の原案を枠づけるからです。「決定」は、教員養成系、人文・社会科学系などと、複数の国立大学の学部や大学院組織をひとくくりにし、その方向を指示しています。このようにして、文科省は、国立大学を個別にではなく、集合的に管理しようとしています。しかし、そもそもこんなことをしてよいという規定は法律にはありません。

一方、法人法は、文科大臣は、中期目標期間の終了時に、「業務を継続させる必要性」「組織の在り方その他」について、「検討」を行い、所要の「措置」を講ずることができるとしています。この「検討」や「措置」が慎重に行われなければならないことは、すでに述べた通りです。

ここで、法律の文言を丁寧に読むと、文科大臣が「検討」や「措置」を行うのは、いずれも「当該国立大学法人」（傍点は引用者）の組織・業務とされていることがわかります。つまり、法人法は、今回の「決定」のように、どの国立大学法人かを特定せずに、「組織及び業務全般の見直し」の一般方針を示し、個別の国立大学法人がこれに従うことを求めるといった権限を文部科学大臣に与えていないのです。それもそのはずです。国立大学法人法は各国立大学法を法人化し、組織のマネジメントを行う権限を高めることを主眼とした改革です。したがって、国立大学法人ごとに立てられた中期目標の達成状況が評価の対象となります。組織や業務のあり方に関する「検討」「措置」も、あくまで個別法人毎でなければならないのは当然のことです。このように、今回の文科大臣「決定」は、内容上も、法律の根拠を欠いています。

ところが、文科省は実際には、国立大学を集合的にコントロールすることを当然の権限だと考え、そうした行動を、二〇〇四年の国立大学法人化以前から、長年にわたってとってきました。設置者としての立場を利用して国立大学を集団的に統制し、そのことを通じて日本の学術・高等教育のあり方をコントロールしてきたのです。そのやり方は、主に、政府予算案の策定過程において、予算措置する事項を決定する手続きを通じて行われていました。法人化以前の国立大学では、学部等の組織を新規につくるには、そのための費用が政府予算に計上される必要がありました。これは、各省庁が概算要求項目というかたちで原案をつくらなければできません。そして、この概算要求項目に費用を計上するには、文科省（旧文部省）の了解を取り付けなければならないのです。そのため、国立大学は、ときに、組織の新設と引き換えに文科省が押しつけてくる改革を飲まされてきました。

国民の共有財産であるはずの国立大学の組織が文科省との個別的かつ密室の交渉で決まることは、決定手続きとしてはあまりに不透明です。国立大学法人化のねらいの一つは、このような官僚統制の方式をあらため、国立大学の組織のあり方を中期目標の策定という明示的な手続きにしたことです。中期目標の原案をつくるのは各大学です。もし、文科省が内容を認めないのであれば、理由を示さなければなりません。そして、文科大臣が最終的に中期目標を策定する際には評価委員会の意見を聴くことになっています。これら一連のプロセスを通じて、法人化以前にあった不透明な状態はなくなるはずでした。

ところが、国立大学の法人化以降も、文科省の姿勢は基本的には変わっていません。法人法は国立大学を集合としてコントロールすることを認めていませんので、文科省の企ては、常に法律の枠外で行われることになります。

大学は、個別の大学組織として存在するだけではなく、大学界とでも呼ぶべき集団を構成しています。何が大学にふさわしいあり方なのかを決めるのは、本質的にはこの大学界です。米国で行われている、大学が相互認定により大学としてのスタンダードを決定する方式はわかりやすい例です。日本国内では、制度上の大学は文科省から大学設置基準を満たすことが求められます。しかし、このような場合でも、大学にふさわしい基準は、大学界のスタンダード、言い換えれば、学問と教育の論理に基づいて定められねばなりません。かつて、日本の大学では、大学設置基準をはるかに下回る面積の校舎で教育が行われていたことがありました。そのことが学生たちの強い反発を招いたのは、それが学問と教育の論理にもとっていたからです。

法律が文科省に国立大学を集合として統制する権限を与えていないのは、大学の集団としてのあり方を決めていくのは本来的には大学界の自治の範囲のことがらだと考えられるからです。今回の文科大臣「決定」は、個別の国立大学の自治のみならず、このような大学界の自治を認めない、重大な問題をもつものです。

運営費交付金による統制

二〇一五年一〇月に入り、国立大学法人運営費交付金のあり方が問題として急浮上していま
す。火の粉を振りかけているのは、財務省の審議会である財政制度等審議会です。一〇月二六日の財政制度等審議会財政制度分科会は、「文教・科学技術」を議題とし、国立大学法人運営費交付金のあり方を取りあげました。その内容は、国立大学の規模縮小を検討し、それにふさわしい研究・教育組織のあり方を検討すべきというものです。

財政制度等審議会が根拠とするのは、①国立大学の志願者の倍率が低下傾向であること、②学生数に対する教員数の比率は先進国中トップクラスの高さであること、③財源の多様化が進んでいないことです。しかしながら、これらは国立大学の規模縮小＝公財政支出削減の結論が先にあり、それに合わせてデータを集めただけのように思えてなりません。

①に関しては、志願倍率が下がることがなぜ悪いのかわかりません。志願倍率の高さが「大学の質」を保つ条件であるというのは本当なのでしょうか。日本の大学は、高等学校卒業を入学資格としています（学校教育法第九十条）。入試の志願倍率を保つことで「大学の質」を保つという発想は、法律が定める大学入学資格の本来的な考え方と相容れません。また、他の先進国でレベルが高いとされる大学は皆、志願倍率が高いと言うのでしょうか。この点について、財政制度

等審議会は何も示していません。さらに、近年国立大学の志願倍率の平均が下がっている背景には、大都市圏の大規模私学の設置認可を進めてきたこととの影響があるように思われます。就職活動には大都市圏の大学に進学するのが有利であることから志願者が集まりやすく、相対的に大都市圏以外の地域の比率が高い国立大学の志願倍率に影響している可能性もあるのではないでしょうか。志願倍率が下がっていること（それもわずかですが）をただちに国立大学の社会的必要性に結びつけるのは、あまりに粗雑な議論だと言わなければなりません。

②に関しては、まずは研究・教育分野の構成比の違いなどを加味して、本当にそう言ってよいのかを検証する必要がありそうです。それでも日本の国立大学の教員数が高い水準にあるのであれば、それは問題にすべきことではなく、むしろよいことなのではないでしょうか。ところが、後に見るように、国立大学は近年、教員数の不足と教員の研究に割くことのできる時間の不足が深刻化しているという報告があります。教員の多忙の原因を取り除かなければ、教員数が相対的に多数だったとしても、その力を活かすことができないのではないでしょうか。

③に関しては、ここで比較対象とされているのは日本の私立大学だけです。諸外国の国立大学（に相当する大学）ではありません。海外にも多様な財源を持つ有力な大学は存在しますが、その代表例であるハーバード大学やオックスフォード大学は、大学資産の規模が桁外れに大きいこ

とや、企業や個人から多額の寄付金が集まる背景にはキリスト教文化の影響があることを見逃してはなりません。また、そもそも高等教育費を誰が負担すべきなのかということに関する基本的な考え方を財務省は示していません。遅まきながら、高等教育を漸進的に無償化することを定めた国際人権規約A規約第一三条を日本政府が批准したことを無視することは許されません。

このように、財政制度等審議会の資料は、その都度比較対象を変えるなど整合性がなく、国立大学に対する公財政支出の削減＝授業料引き上げの結論ありきだと言わなければなりません。しかも、よく知られているように、日本の国立大学の授業料は国際的にも国内的にもすでに十分高額なのです（巻末資料参照）。誤った認識に基づいて第三期中期目標期間の国立大学法人運営費交付金に関する政府予算の方針が立てられてはたまりません。そこで、国立大学協会の声明・総会決議（「財政制度等審議会における財務省提案に関する声明」二〇一五年一〇月二七日、「地域と国の発展を支え、世界をリードする国立大学‼」二〇一五年一一月二日）、中央教育審議会（中教審）の緊急提言（「高等教育予算の充実・確保に係る緊急提言」二〇一五年一〇月二八日）が相次いでいます。

これらのうち、経済的理由に左右されない高等教育機会を確保し、教育格差を拡大させてはならないという国立大学協会の主張は支持しうるものです。しかしながら、国立大学協会が、『日本再興戦略改訂2015』や『経済財政運営と改革の基本方針2015』、『国立大学経営力戦略』などにおいて示された今後の我が国の持続的な成長発展の実現のために期待される国立大学の役割を全力で果たすべく、国立大学は、今まさに大胆かつ迅速な改革に取り組んでいるところである」と述べ、だから運営費交付金を措置せよと主張していることには疑問を抱きます。なぜならば、「日本再興戦略改訂2015」は、「運営費交付金の重点配分導入による大学間競争の促進」を謳っているものの、運営費交付金の総額を確保したり、まして増額するとは一言も述べていないのです。「経済再生なくして財政健全化なし。経済成長を持続的なものとすることに全力を挙げつつ、強い姿勢・決意をもって財政健全化に取り組む」(三頁)とあるように、基本路線は財政支出の削減を進めるための合理化、重点化です。運営費交付金削減の根本となっている文書を根拠にして運営費交付金削減の方針を批判することは矛盾しているのではないでしょうか。

一方、中教審は、「国立大学法人運営費交付金の機械的な削減ではなく、自己変革を進める大学を積極的に支援し、教育研究及び社会貢献機能の強化を図るために、国立大学法人運営費交付金等を充実・確保すべきである」と述べ、これまでの文科省の路線を変更するつもりはまったくないとの姿勢を表明しています。今回の「緊急提言」は、「運営費交付金等の充実・確保」という言葉を用いてはいるものの、訴えている内容は文科省の政策方針の継続です。すなわち、中教審は、財政制度等審議会が示す運営費交付金削減の方針を免れるには、国の方針に従って組織改革をするしかないと述べていることになります。

法人化以来一〇年余りの間、文科省が一貫して行ってきたのは、運営費交付金を削減しながら、各種の競争的資金を確保し、国立大学の諸事業を、中期目標を介さずに統制するという政策でした。これを継続し、かつさらに大規模なものにすることが果たして国立大学の発展につながるのか、正面から問い直す必要があります。

第二章　国家統制の進行

「ミッションの再定義」

今回の「決定」の中には、教員養成系学部・大学院や人文社会科学系学部・大学院の改廃に関するくだりの直前に、「『ミッションの再定義』で明らかにされた各大学の強み・特色・社会的役割を踏まえた速やかな組織改革に努めることとする」という一文があります。ここで言われている「ミッションの再定義」とは、二〇一二～二〇一三年にかけて、文科省が全国立大学の学部・大学院に対して、提出を求めた文書のことです。現在、文科省ホームページにはすべての国立大学の学部・大学院組織の「ミッションの再定義」が分野別に整理され、掲載されています。ホームページのキャプションは、「各国立大学と文部科学省が意見交換を行い、研究水準、教育成果、産学連携等の客観的データに基づき、各大学の強み・特色・社会的役割（ミッション）を整理しました（ミッションの再定義）」と説明します。「意見交換」といいながら、実際には、文科省はそれぞれの組織をあらかじめ決めた三つの種別（「地域的拠点」「全国的拠点」「国際的拠点」）に割振っており、大学側が出した文書に気に入らない内容があると突き返され、有無を言わさず書き換えさせたようです。そのプロセスは国立大学の外に公表されていないばかりでなく、国立大学同士の間でも共有されていません。

「ミッションの再定義」も、やはり法的根拠を持つものではありません。ところが、文科省は、

「ミッションの再定義」がまとめられたことにより、今度はこれを国立大学組織の再編を行う際の根拠だとしています。密室で無理強いされたケースも少なくないとはいえ、一応、自分で書いた文書なので、大学側は表だって批判しにくい状況にあります。とはいえ、法律上、国立大学法人の組織・業務の方向を定めるものはあくまで中期目標です。それを「ミッションの再定義」があることを理由にないがしろにすることは許されません。また、「ミッションの再定義」に基づいて中期目標を作成しろというのもおかしな話です。法律が定めている、国立大学法人による中期目標の原案作成権を死文化させてしまうからです。

国家戦略としての大学再編

ここで、「ミッションの再定義」が出てきたいきさつをふりかえっておく必要があります。二〇一二年六月、文科省は、「大学の機能の再構築」を目標として、「大学のガバナンスの充実・強化」を行うとする、「大学改革実行プラン」を公表しました。研究開発および人材育成・確保を通じて、国際社会における日本の競争力強化をはかろうとする路線や、列挙されている諸政策は、それまでに出されたものと基本的に変わりはありません。

しかし、「大学改革実行プラン」には、従来の政策文書にはない特徴がありました。その第一は、文科省が、従来行ってきた、将来像の提示と政策経費の配分を通じた改革の方向づけという隠微なものから、改革方針を指示し、基盤経費の支出や認可と結びつける明確なものへと政策手法を移したことです。これらとかかわって、大学が自身の目標を主体的に定めることや、公財政による基盤経費の確保という、実態はともかく、建前としてはつねに掲げられてきた政策の旗印も降ろされることになったのです。

第二は、財務省の管理の下につくられたことです。財務省・文部科学省の間では、早くも二〇一二年度政府予算案の編成過程において、国公私の大学の枠組みを超えた「連携協力システムの構築」をつくり、その中で個々の国立大学の「個性や使命の明確化」を図り、「学内の教育研究組織の大規模な再編成」を行うという基本方向が合意されていました。この方針に対応した施策は文科省が検討を行い、財務省・文科省の協議を経て実施することとされていました。最後の段階で財務省の同意を得ることが条件となっていたのです。

上記二つの特徴は、「大学改革実行プラン」が国家戦略の一環としてつくられたことと関係しています。福田政権下でまとめられた「留学生三〇万人計画」、「トップ三〇」大学の世界水準化、特許取得件数を一〇年間で一五倍にすることを掲げた「遠山プラン」など、数値・達成時期目標を掲げた計画は過去にもありました。しかしながら、個別大学のとりくみに依拠したままでは、政策経費の重点配分は不徹底に終わり、十分な成果を上げることができないことに財務省は不満を募らせていました。その結果、政府予算案の編成過程で見解を表明するだけでなく、予算執行のチェックにまで乗り出してきたのです。

「大学改革実行プラン」は、大学・高等教育改革のための具体的方策・財政支出の基準をまとめ、「国立大学改革の方向性」を提示し、一部の国立大学改革を先行実施するという方針を示していました。さらに、「国立大学改革プラン」をまとめ、大学・学部の再編などを図るとしていました。このような方針の具体化として、国立大学の「ミッションの再定義」が行われたのです。

「大学改革実行プラン」がつくられた背景には、経済界が求める「グローバル国家」づくりの国家戦略とそれに対応した大学改革の要求があります。経団連は、二〇〇七年の「道州制の導入に向けた第一次提言」において、一九九〇年代半ば以来推進してきた「グローバル国家」づくりの総仕上げとなる道州制関連立法を二〇一三年に成立させ、二〇一五年から実施するとしてきました。このようなプランに対応して、経団連会長や地域組織からは、国立大学を地域経済活性化への貢献を使命として再編しようとするアイデアがたびたび提起されてきました。例えば、元経団連会長だった御手洗氏は、自身の出身である九州経済団体の集まりにおいて、九州にある国立大学を一つの大学として束ねて本部を福岡に置き、各県には一部の学部を分校として残す「大九州大学」構想を打上げました。

財務省もまた、主計官レベルで、国費を一部の総合大学や大学院大学などに重点投資するために、多くの国立大学を地方費と授業料での運営に切り替え、再編統合する案をたびたび示しています。二〇〇〇年代の小泉構造改革の中で、財務省は政府予算案の編成過程において「選択と集中」を細部にわたる指摘によって実現してきました。そして、政策の成果の管理を徹底する方針がとられるようになってきたのです。

このような手法による予算の検討は、第一期中期目標期間中に政府がとることになった経済財政運営の基本方針「骨太二〇〇六」を経て、二〇〇七年から国立大学法人の運営費交付金のあり方にも及んできました。そうした検討の中で、(1)教務と経営の関係の明確化、(2)大学ごとの機能の分化・明確化、(3)研究分野別の相対評価による資金の傾斜配分、(4)社会・企業のニーズを踏まえた教育力の向上、(5)学生や教員の円滑な大学間移動、大学・学部の再編・集約化といった方向が示されてきたのです。この延長線上に、国立大学を類似する機能をもつ大学群としてコントロールする新しい高等教育財政システムが構想されています。「大学改革実行プラン」は、これら改革の青写真を背景にしながら、民主党政権下の「政治主導」によりつくられたものです。

二〇〇九年一一月の行政刷新会議による「事業仕分け」は、国立大学法人運営費交付金を対象とし、「国立大学のあり方を含めた見直し」を行うと結論しました。この結果は、民主党政権の下での編成となった二〇一一年度予算に反映され、それまでの毎年一％の定率削減とは異なる「大学改革促進係数」と称する新たな交付金削減方式（病院運営費交付金の有無で交付金減額率を差別化）、および交付金の一部を「国立大学改革促進補助金」という名目の政策経費とすることに帰結します。「改革促進補助金」は五八億円を計上し、政府が推奨する改革にとりくむ大学に配分するというものでしたが、採択事業に関して財務省の同意が得られないという理由で実に五一億円が年度内未執行となりました。

それにもかかわらず、二〇一二年度にも同趣旨の「国立大学法人改革強化推進事業費」一三八億円が計上されることとなりました。この事業費は、民主党政策調査会長（前原誠司）の立ち会いの下、財務大臣・文部科学大臣の折衝により合意文書が交わされるという手続きにより予算措置されたものです。合意に先立つ「予算編成に関する政府・与党会議」では、民主党政策調査会のメンバーが、「卒業者の就職率が低い学部はスクラップの対象とする」「選択と集中で国際競争力を持たせる大学を国家が戦略的に決める」といった発言をしています。このように、改革の内容は政府が一方的に定めるというのです。

事業費がつくられたことにより、文部科学省は具体的な国立大学の改革方針について「省内に設置するタスクフォースにおいて検討を行い、協議の上、速やかに改革に着手」することになりました。例示された改革の内容は、学部・研究科の改組、外国人や実務家等の教員や役員への登用拡大、双方向の留学拡大のための抜本的制度改革といった「教育の質保証」および「個性・特色の明確化」、大学および研究・教育組織の統廃合などです。

さらに、対象を公立・私立大学にも広げ、産業政策や社会の構造改革とのかかわりを視野に入れ、改革のめざす方向および工程を示したのが、二〇一二年六月の「大学改革実行プラン」です。「社会の変革のエンジンとなる大学づくり」という副題にあらわされているように、同プランは、社会経済の構造改革の推進に寄与することを大学の一義的な使命だとしています。そのため、新産業創出に結びつく技術革新の遂行、多国籍企業の求める人材要請、地域社会の衰退など構造改革の結果もたらされた問題への対応が大学には求められています。そして、これらを実現するための方策として、国立大学は「ミッションの再定義」と「ガバナンス強化」にとりくむこととされたのです。

「国立大学改革プラン」

二〇一二年暮れの総選挙の結果、自民党がふたたび政権与党となりました。しかし、大学政策に関しては大きな変更はなく、「大学改革実行プラン」の具体化が進められています。

その結果、策定されたのが、「国立大学改革プラン」です。同プランは、「今後一〇年間で世界大学ランキングトップ一〇〇に一〇校以上入る」「三年間で一五〇〇人程度の若手・外国人への常勤ポストの提示」「二〇二〇年までに日本人留学生を六万人（二〇一〇年）から一二万人へ倍増」「二〇二〇年までに外国人留学生を倍増（「留学生三〇万人計画」の実現）」等を掲げました。そして、これらの目標を達成するために、政府は、大学に研究・教育組織、ポスト・予算など「学内資源配分を恒常的に見直すことのできる環境」をつくらせ、「シニア教員」から若手・外国人への「ポスト振替」、一万人規模の年俸制導入などを推進しようとしています。

これらは、いずれもトップダウンによらなければ実現困難な改革です。そのため、政府は「ガバナンス改革」をすすめるとともに、資金によって改革をバックアップする方針です。

財政面の動きから見ておきます。文科省は、二〇一三年度から「国立大学改革強化推進補助金」の配分を開始しました。この補助金は、採択された二二機関（うち国立大学は一七、私立大学は二、大学共同利用機関法人三）に対して一〇年間に渡って集中的に資金を投入し、国の政策の方向性や学長の構想に基づく、各大学の「強み・特色」を活かした「機能強化」を行わせようとするものです。二〇一四年度には、運営費交付金に「年俸制導入促進費」が設けられました。これにより政府は、年俸制・混合給与（教員・研究者が所属する大学以外の機関からも給与を受け取る）対象者の拡大をめざしています（二〇一五年度で一万人規模）。

「国立大学改革プラン」を財政面からさらにバックアップする構えを打ち出したのは、産業競争力会議新陳代謝・イノベーションWG「イノベーションの観点からの大学改革の基本的な考え方」（二〇一四年一二月一七日）です。ここでは、第三期中期目標期間、国立大学には「地域活性化」「特定分野」「世界最高水準の教育研究」の三つの機能のどれかを選択させるという。そして、各類型毎に評価の指標を変え、選択した機能を果たすことができなければ交付金を減額していく（逆に、よく果たしていれば増額する）ことにより、大学の機能を特定化していこうとします。例示された「地域活性化」「特定分野」の指標には、「人材育成」が含まれます。ところが、「地域活性化」の指標には「研究」は含まれていません。一方、「世界水準の教育研究」の指標は、「論文数、被引用数、留学生・外国人教員数」といった具合に、いわゆる「研究」や「国際化」で占められています。このような指標を用いた評価により各大学に配分される総額は、運営費交付金の三～四割にも達することが想定されています。

運営費交付金は、人件費のほか、光熱水費や研究・教育費や管理費など大学の基盤的経費に支出されるものです。その三～四割もの額が特定の機能に振り向けられるのでは、大学の他の活動を維持することは不可能になります。そのため、文部科学省「国立大学経営力戦略」（二〇一五年六月一六日）では、学内の組織再編のほか、「提携・連合」という表現により、大学間の再編も検討させようとしています。一方、これまでの大学とは別枠になる「特定研究大学（仮称）」の制度化（二〇一五年度）を予告、国立大学全体のスクラップ・アンド・ビルドを行おうとする姿勢を鮮明にしています。

大学の「ガバナンス改革」

大学の管理に関する法制は、戦後改革以来、法律の規定を欠く点が多く、それらは大学の実際上の慣行と内部規則に委ねられたままの状態が今日まで続いていました。例えば、私立大学における教員人事の手続は法令上の規定によるものではなく、具体的な内容は、各大学の学則等、内部規則により定められています。また、大学の内部規則については、学校法施行規則が学則に必須の内容を定めている以外、法令上の規定はありません。各大学は、さまざまな教員人事や組織運営の方式を学則、その他の内部規則により明文化してきたのです。法人化以前の国立大学において、評議会が学長を選考するに先立ち、教員（大学によっては職員も）による投票を行い、その結果を尊重してきたのも内部規則によるものです。

いかに政府が大学の「機能強化」＝国策に対応した種別化の方針を掲げ、資金により誘導しようとしても、大学内に強い反対があれば、改革を行っていくことは困難です。そこで、政府は「大学改革実行プラン」の一環として、大学の「ガバナンス改革」と称する改革を行いました。

それは、二〇一四年六月の学校教育法・国立大学法人法改正により実施されることになりました。改正の主な内容は、第一に、教授会の審議事項を、学生の入学・卒業・課程修了、学位授与、および学長が「意見を聴くことが必要」だと認める「教育研究に関する重要事項」に限定したこと、第二に、国立大学法人学長選考会議に「選考基準」の制定・公表を義務づけたことです。学長に決定権を集中し、組織改編などの改革を迅速に進めていくのがねらいです。

このことにより、政府は、新産業創出につながるイノベーション創出、高等教育のグローバル化への対応、「地域創生」の核となる人材育成などの政策を推進することができます。また、私立大学経営層にとっては、国立大学と競合するような内容の大学改革をすすめることにより、これまで政府が国立大学に支出してきた公財政を獲得したり、学生獲得競争において優位を保つための組織再編等を断行することが容易になります。

しかしながら、実際に行われた法改正の内容は、教授会の審議権と同法が定める学長の最終的な決定権について整理を行ったものであり、両者の関係を必ず変更しなければならないわけではありません。国会審議における政府参考人の答弁でも、専門性を持つ審議機関である教授会の意見を聴き、大学運営に反映させていくことの重要性はたびたび述べられてきました。このように、改正の影響は、法文の変更からは明確に浮かび上がってきません。先に述べたように、日本における大学自治の慣行は、多くが法令によるものではなく、内部規則によって行われているためです。

そのため、政府は今回の改正に続く動きとして、各大学の内部規則の改変を求める行政指導に乗り出しました。二〇一四年八月の文科省通知には、教授会の設置単位を「再点検」すべきことや、必要的審議事項の設定に際しては学長裁定で足りるなどの記述が見られます。また、九月に文科省が配付した「チェックリスト」は、「教育公務員特例法に基づいて教授会に権限を認める規定が、改正法の趣旨に反するような形で残っていないか」、「教員ポストの配置」については、「学長又は設置者が全学的な視点から判断すべきものであることを周知するために、実効性のある方策が行われているか」といった事項を点検の対象としています。

これら法律の文言からは読み取れない事項を掲げ、大学に内部規則の改正にとりくむように仕向けることが適法かつ適切であるのか疑問です。従来も、文部省（当時）が国立大学の内部規則を変更するよう圧力を加えてきた事実があったことは断片的に知られています。しかしながら、すべての国公私立大学に対して指導が行われるのは前代未聞のことです。

これらにより、教員の採用・昇任の際の選考をはじめ、これまで広範に認められていた教授会の審議事項を一気に絞り込む一方、学長選考の際に行ってきた教員らによる投票を廃止する動きが広がることが懸念されます。

「ガバナンス改革」の行く末

すでにいくつかの大学では、「ガバナンス改革」を先取りするような動きが起きています。北海道教育大学では、二〇一一年、再選をめざしていた現役学長（当時）が意向投票で対立候補に敗れたものの、選考会議により再任されました。対立候補らは、これを不服として、文部科学省の学長任命無効確認訴訟を起こしました。裁判の過程で、選考会議がきわめて短い周知期間のうちに「選考基準」に従って所信を文書で示すように求めるなど、選考プロセスにさまざまな問題があったことが明るみに出ました。にもかかわらず、裁判は、一審・二審とも原告敗訴で結審しました。この間に、二期目の任期切れを迎えた学長を、選考会議は学内規則すら無視して、意向投票をせずに再度学長候補者に選考しました。学長は、学内の合意形成を行わないまま、小・中学校の現職経験を持つ教員の割合を高めたり、三、四年で再審査を要する「テニュア・トラック制」導入などを強行しています。

京都大学では、国立大学協会会長でもあった松本紘学長の下、学長の選考過程における意向投票の廃止と任期延長・再任制度導入、学域・学系の設置と研究・教育組織からの「人事・定員管理機能の分離」などが検討されてきました。二〇一四年三月、学長選考会議が意向投票を廃止し、学長を国際公募するという方針を決めたとの新聞報道がされました。しかし、これは選考会議議長である安西祐一郎氏の個人的な見解を報じただけのミスリードでした。安西氏は、自身が会長を務める中教審が、直前の二月に発表した大学分科会「大学のガバナンス改革の推進について（審議まとめ）」にインパクトをもたせるために、新聞に偽りの情報を流したのではないかと言われています。こうした動きに対する学内外の批判が強まった結果、同年四月、京都大学の学長候補者選考は、意向投票継続を決定しました。

各大学において「ガバナンス改革」がすすめば、経営者が暴走したり、目先の利益を求めて研究・教育組織の改廃を強行しようとしても、それを防止することは困難になります。さらに、経営者を利用して、政府が大学に研究・教育組織の改編を強要することが容易になります。その結果、各分野の学問の継承・蓄積ができなくなり、大学が社会的役割を果たせなくなることすら予想される。文字通り、大学の自治と学問の自由の危機だといわなければなりません。

誘導・評価される大学

ここで、国立大学側の動きに目を移したいと思います。第三期中期目標期間がはじまる二〇一六年度以降の各国立大学の予定については先に見た通りですが、学部・大学院組織の改廃はすでにはじまっています。文科省が「ミッションの再定義」をつくらせた二〇一三年以降の国立大学の学部・大学院組織の改廃の状況をまとめたものが表4です。

教員養成系および人文・社会科学系の改廃という政府方針を先取りし、第三期の中期目標期間を待たずに組織再編に乗り出した大学が少なくないことがわかります。すなわち、教員養成系の大学・学部では、新課程は軒並み定員削減、または募集停止されています（北海道教育、秋田、三重、東京学芸、滋賀県、和歌山、香川、高知）。一方、教員養成課程の方は、一部を除いて定員増となっています。このほか、学部をまたいでの定員の移動（和歌山）や、一つまたは複数の学部の定員を集めて新学部を創設するケースもあります（秋田、長崎、山口、高知）。

これらがすべて国の指示に従った結果であり、大学側の自主的な検討がないと言うわけではありません。しかしながら、文科大臣「決定」前から、多数の大学が同じ方向に向かって改革を進

表４　教員養成系、人文・社会科学系の改廃を行った国立大学

2014年度

大学	入学定員増減
北海道教育 1210→1185	〔教育〕教員養成課程 700 → 720（定員増） 人間地域科学課程 330 芸術課程 120 スポーツ教育課程 60 （上記3課程）510 → 465（改組）→ 国際地域学科 285／芸術・スポーツ文化学科 180
秋田 976→953	〔教育文化〕地域科学課程 65 国際言語文化課程 65 人間環境課程 60 （上記3課程）190 →（改組）地域文化学科 100 学校教育課程 100 → 110（定員増） 〔医〕医学科 120→122（定員増） 〔工学資源〕460→〔理工〕395（改組） 〔国際資源〕国際資源学科 120（新設）
三重 1310→1310	〔教育〕学校教育教員養成課程 145 → 180（定員増） 情報教育課程 20 → 0（募集停止） 生涯教育課程 15 → 0（募集停止）
奈良女子 475→475	〔文〕人間科学科 50 → 40（定員減） 〔理〕数学科 30 物理科学科 35 化学科 35 生物科学科 35 情報科学科 40 （上記5学科）175 → 150（改組）→ 数物科学科 63／化学生命環境学科 87 〔生活環境〕生活健康・衣環境学科 40 → 75（改組）→ 心身健康学科 40／情報衣環境学科 35
長崎 1637→1637	〔多文化社会〕多文化社会学科 100（新設） 〔経済〕総合経済学科 415→325（定員減） 〔環境科〕環境科学科 140→130（定員減）

2015年度

大学	入学定員増減
埼玉 1620→1535	〔教育〕学校教育教員養成課程 458→410（定員減） 養護教諭養成課程 22→20（定員減） 〔経済〕経済学科 120［夜間主 20］ 経営学科 120［夜間主 20］ 社会環境設計学科 90［夜間主 10］ （上記3学科）330→（改組）経済学科 295［夜間主 15］

数字は学生定員。各年度の「国立大学入学定員増減予定表（増減のある大学）」を参考に、著者作成。

めているのは、国の強い統制力が働いたためと見て間違いないでしょう。すでに述べてきたように、「大学改革実行プラン」以来、政府は国立大学に対して、組織再編することを迫り、評価や財政を通じて統制しています。百歩譲って、そうした手法の是非はさておくとしても、相当数の入学希望者があり、かつ一定数の卒業生が専門に関連する職業にも就いている学部等を「社会的要請が低い」と決めつけることはできないはずです。

例えば、教員養成系大学の新課程の志願倍率は全国的に低くありません。そして、教員養成課程を含めて、教員養成系学部の出身者に、教員以外の教育・文化関係の職や福祉系の職に就く者が多いことはよく知られています。これらのことを、「教職に就く人数が少ないのは教員養成系学部が社会的役割を果たしていないからだ」と決めつけてよいのでしょうか。教員養成系学部の意義を、単に卒業生を教職につかせることだけと見なすのは戦前の師範学校と同様の考え方です。人間理解を深め、教育を広い視野からとらえることができる、広い教育関連の職で力を発揮することのできる人びとを輩出することも、教員養成系学部の役割として認めるべきではないでしょうか。

かつて、教員養成系大学・学部の連合組織である日本教育大学協会は、新課程の将来像として、教員養成と緊密な連携を持ち、学校教育とともに広義の教育者の養成を目的とする方向、地域に貢献する人材養成・教養人養成を目的とし、その中に教員養成を位置づける方向、そして、国際理解教育、情報教育など、現代的・学際的な分野の専門性を備えた教員養成学部として「付加価値型」の教員養成組織を構築し、その中に新課程を位置づけ直す方向を提示していました。これは、全国の教員養成系学部・大学院を対象とした調査を行い、集団的に検討した結果、導かれたものです。成り立ちや地域性がそれぞれ異なる日本の教員養成系学部・大学院の将来方向を一律に決めてしまう文科大臣「決定」とは相当に異なる見解であることは注目すべきでしょう。

逆に、新しくつくられた学部の中には、本当に「社会的要請が高い」と言えるか疑問符がつくものもあります。長崎大学では、二〇一四年度、新たな学部として多文化社会学部（入学定員一〇〇名）を開設しました。地元地域の特色であるオランダとの文化交流の歴史をカリキュラムに反映させ、在学中に全員が留学により国際経験を積むという触れ込みです。ところが、開設二年目の二〇一五年度入試では前期・後期で定員を確保することができず、慌てて二次募集を行ったものの欠員を出すという結果になりました。同じく二〇一五年度に山口大学が開設した国際総合科学部も同様に志願者が集まらず、ぎりぎり定員を確保するにとどまっています。

ところが、このように必ずしも成功しているとはいえない組織転換について、国立大学法人評価委員会は、二〇一三年度の年度評価（二〇一四年一一月に評価結果を確定）において、高い評価を行っています。すなわち、新学部が授業を開始して早々、長崎大学が新学部を創設したことを理由に、「業務運営」について「特筆すべき進捗状況にある」と最高ランクの評価をしたのです。

評価委員会が対象としている国立大学法人と共同利用機関法人、全九〇法人のうち、「特筆すべき進捗状況」とされたのは、「業務運営」に関しては長崎大学だけでした。他の項目でもほかに一校あるに過ぎません。このように高い評価とした理由について、評価委員会は、「新学部構想において、学長が学部長を指名し、新たな年俸制を適用することを決定するとともに、全学的な入学定員の振替、専任教員についても全学の人的資源を再配分することで四〇人を確保している」と説明しています。要するに、政府の推進する大学改革の方向に積極的に応えているという理由で最高点を与えたのです。ところが、学生募集の結果は、先に述べた通りでした。

一年限りの学生募集の状況だけで組織改革の当否まで判断することは慎まなければなりません。しかし、より慎重な姿勢が求められるはずの評価委員会が学生募集の結果すら待たず、最高点の評価を下したことは軽率の誹りを免れません。

第三章　歴史の中の国立大学改革

改革の原点

国立大学は、第二次世界大戦後、日本国憲法の下で行われた教育改革により誕生しました。この教育改革は、教育を国家に対する「臣民の義務」から、国民の権利と見なす転換を行ったところに一大特徴があります。その結果、教育基本法（一九四七年）は、憲法に基本的人権の一つとして記された学問の自由（二三条）の尊重を、教育の方針として掲げました。そして、後期中等教育機関である「高等学校」に続く高等教育機関を「大学」に一元化し、教育の機会均等をはかったのです。この新しい学校制度における大学は、当初「新制大学」と呼ばれました。

新制大学の内実は、戦前から戦後にかけてつくられた大学、専門学校、高等学校、師範学校など多様な学校が構成することになりました。国立大学はこれら諸学校を都道府県毎に再編してつくられました。いまでも学部が複数のキャンパスに別れている国立大学があるのはそのなごりです。

国立大学の発足に際しては、多くの論点がありました。大学の管理体制の確立は、その中の大きなものの一つです。米国の大学管理方式を参考に、理事会に管理権を持たせる方式も検討されましたが、全国の国立大学に適任者を得ることは困難だという判断などにより、大学関係者は理事会方式を支持しませんでした。その結果、いくつかの帝国大学および少数の公立大学で制度化されていた学部教授会が主導的地位に立っておこなわれるという状況が、戦後、定着・普及することになったのです。

一九四九年、教育公務員特例法（以下、教特法）の制定により、教員人事および学長人事の手続きが法定され、教員人事に関しては教授会が、学長人事に関しては評議会がそれぞれ選考権を持つことになりました。これらの規定が設けられたのは、大学設置者の人事権が国・公立大学の自治を制約することを防ぐためでした。これは、日本国憲法が保障する学問の自由を大学において確実なものとするために、重要な意義を持つものでした。これは、これら教特法に由来する手続は私立大学においても参考にされ、学校法の教授会必置規定（旧九三条）と相まって、私立大学でも教員人事に関して教授会が主導的な役割を果たすようになりました。また、文部省設置法（二〇〇一年の中央省庁等再編により廃止）により、文部大臣は大学を指揮・監督する権限を持たないことになりました。これら戦後の大学法制を通じて、戦前の帝国大学が国家との抗争の末に獲得した大学自治の慣行が、多くの大学に拡大していったのです。

ところが、一九五〇年代に入ると、「国民に対する行政責任」の名により、国の大学に対する統制が強まります。このことに対する反応として、大学側は防御的姿勢を取るようになっていきました。その結果、教特法を除いて、大学管理の統一的な原則を示した法律が制定されることはありませんでした。しかし、大学の管理制度を含めた大学のあり方を問いなおし、変革していこうとする動きは常に存在していました。

　一九六〇年代、大学の国家や産業界との癒着、権威的体質や差別、学校法人の不正、貧弱な教育研究条件、授業料の高騰などをめぐって、学生や大学院生、若手研究者層などによるさまざまなかたちの異議申立てが行われました。続く七〇年代には、授業テーマ・内容の改革、カリキュラム改革、大学・学園の意志決定過程の民主化、学長・学部長などの選考への学生・助手・事務職員らの参加などが拡大しています。同時に、こうした動きを阻み、押し戻そうとする行政の権力的な介入と統制も強まってきたのです。

　このような国立大学の状況について、一九七〇年代初頭に分析を行い、改革提言をまとめた東京大学報告書（東京大学大学改革準備調査会管理組織専門委員会「大学改革準備調査会管理組織専門委員会報告書―東京大学と国および社会との関係―」一九七〇年三月）は、国立大学に対する国の統制力は財政権と組織権を通じて発揮されると述べ、それらから国立大学を解放することを課題としました。この課題は、今日なお達成されていません。そればかりか、一九八〇年代以降の行政改革と大学政策の展開の中で、国立大学は国の政策への従属を強めていったのです。

一九八〇年代の転換

一九八一年に設置された臨時行政調査会は、「特色ある大学づくり」の名の下、従来の学問分野にとらわれない学部等の新設をすすめるために、大学の設置、管理、運営方式を検討することや、「学術研究の推進と高度の専門職業人の養成」を目的とした大学院改革などを提言しました。同時に、国家財政支出を削減するため、国立大学の新増設は極力抑制する方針をとりました。国立大学の教職員は国家公務員の定員削減の対象でもあるため、新規の定員獲得は極めて困難になりました。こうした中で、大学では、新組織をつくろうとすれば、原資となる予算や定員を既存の組織を改廃することによりひねり出さなければならない、いわゆるスクラップ・アンド・ビルドの手法がとられるようになっていったのです。

財政支出の面では、八二年から九三年までの一二年間に渡って、一般歳出のうち経常経費はゼロまたはマイナス・シーリングという厳しい抑制策が続けられました。この間、政府は特別会計の不足を補うために、国立大学の授業料は年額一八万円（八〇年）から三七万五千円（九一年）へと倍増しました。大学の側も、経常費の削減分を補うために、補助金など政策的に措置される資金や、企業等との連携による「外部資金」の獲得に奔走するようなります。いつになるかわからない経常経費の増額を待つよりも、国策や産業界の力を借りながら、研究・教育環境の充実を図っていく方が得策だという考え方が、関係者の間に広がっていったのです。

文部省は国立大学に対しては、組織の新設などの要求をふるいにかけることにより、発展方向をコントロールすることができます。公立大学や私立大学に対しては、七〇年代以降、設置認可権を使って、量的な抑制や、地域配置、研究・教育分野の規制を行ってきました。これに対して、臨時教育審議会第三次答申は、高等教育改革の〝突破口〟として大学設置基準の抜本的見直しをはかることを提言します。文部省の統制によってではなく、大学自身が「社会的使命や責任を自覚し、大学の根本理念に照らして絶えず自己の教育、研究および社会的寄与について検証し、評価を明らかにする」活動、すなわち「自己評価」を拠り所として水準や質を向上させるシステムが必要であることを強調したのです。そして、「自己評価」の延長線上にある、大学団体が「相互評価」を通じて互いを認定し合う活動（アクレディテーション）を通じて、国家統制からの解放と大学自治の拡大を追求しようとしたのです（「審議経過の概要（その三）」八六年一月）。これら臨教審における大学関係の議論をリードしたのは、当時の大学界の指導的立場にある人びとでした。

このように、八〇年代には、政府や産業界の力を利用して大学の発展を図ろうとする動きと、政府による規制を撤廃させようとする動きが顕在化してきます。これらが従来からの対抗関係に複合して、次の九〇年代を迎えることになったのです。

科学技術政策に従属する大学政策

九〇年代はじめの国立大学では、特に既存の施設整備費の減少が著しく、施設の老朽化、狭隘化は深刻でした。この問題を告発しつづけた有馬朗人・元東大学長によれば、この間、好調な業績に乗じて研究開発費を増大させた民間研究所と大学との格差は「少なくとも一〇倍」に広がったといいます。自然科学系の大学院が研究者をめざす学生にとって魅力的な場所ではなくなり、つぎつぎと人材流出していくことに危機感を募らせた大学関係者の間からは基礎科学の振興が叫ばれました。

こうした大学側の要求とは別に、与党関係者の間では、国策として基礎科学を振興する必要についての認識が高まりつつありました。八〇年代以降、貿易赤字に苦しむ米国では、日本に対する「基礎研究タダ乗り論」が強まるとともに、研究成果の知的財産権を保護する動きが高まっていくことになります。この問題を重視した自民党科学技術部会は、通産官僚出身の尾身幸次を部会長として検討を重ね、連立与党、さらには野党の賛同も得て、九五年、議員立法による科学技術基本法の制定を実現したのです。

六〇年代から日本学術会議が「科学研究基本法」制定の勧告をしてきたこと、そして、何よりも、基本法と、これを根拠に九六年に策定された科学技術基本計画を根拠に、莫大な科学技術関連予算が投じられるようになったことから、大学関係者の間には歓迎ムードが広がりました。しかし、同法のいう「科学技術」が「人文科学のみに係わるもの」を排除していたことは科学技術の振興の総合的推進という目的に照らして問題をもつものでした。さらに、基本計画が大学教員に対する任期制導入の方針を示したことは、九七年の大学教員任期制法の制定に道を開くものとなりました。

大学教員任期制法は、大学以外の研究機関や企業などと人事交流、若手研究者、時限的なプロジェクトに従事する研究者を対象に、任期をつけて教員を雇用することを可能とするものです。一年以上の期間を定めた任用を認めていなかった公務員法制に風穴を開けるものであり、法人化される以前の国立大学において多数の研究者を有期雇用するために不可欠の制度でした。ここに、同じく科学技術基本計画を根拠に文部省が策定した「ポストドクター一万人計画」（九六～二〇〇〇年）の予算が流し込まれ、博士号をもつ多数の若手研究者の一時的な受け皿とされました。しかしながら、大学の専任教員数は増加しておらず、ポストドクターの安定的な職を確保し、その能力と実績を生かす社会環境は今日なお整えられていません。若者の〝理科離れ〟は決して学校教育だけのせいではないのです。

九〇年代に本格化する国策による基礎研究の振興は、国内の基礎研究の成果にもとづく知的財産（知財）の確保を目的とするものでした。九〇年代の終盤になると、これら知財を産業化するための制度の整備へと政策の重点が移っていくことになります。知産の産業化を数値目標化したものが、二〇〇一に小泉政権の下で策定された、「大学発のベンチャー企業を三年で一〇〇〇社創出」などを掲げた経産省「平沼プラン」でした。このとき、「行政改革の一環として」検討が行われていた国立大学の法人化は、教職員身分を「非公務員」とすることで、ベンチャー企業等との人事交流の障害をなくすものとなりました。このように、科学技術基本法制定以降、大学政策は、科学技術政策への従属を格段に強めていったのです。

翻弄される研究・教育組織

九〇年代の国立大学に起きた動きの一つに、大学院重点化と呼ばれるものがあります。これは、国立大学が政府予算の増額を引き出すために、研究・教育の中心を学部から大学院に移すことを意味します。予算増のからくりは、算定の基礎となる一人当たりの単科が、学生よりも大学院生の方が高いというものです。この方式を使えば、どの大学でも予算が増やせそうに思えます。しかし、実際に大学院重点化が認められたのは、旧制の帝国大学以来の伝統をもつ大規模大学を中心とした少数の大学だけでした。以前から大学院博士課程をもつことを認められるなど、予算上優遇されてきた大学だけが大学院重点化を果たしたことにより、国立大学間の格差は拡大することになりました。一方、大学院重点化を果たした大学でも、院生数が大幅に増加し、出口が保障できない状態に陥ることになります。大学院重点化は、九〇年代後半に文部省が急速な大学教員や研究者の流動化を急速に進める理由の一つとなりました。

九一年に行われた大学設置基準の大改正（大綱化）は、今日まで続く大学改革の〝起点〟だといわれています。この改正がもたらした影響のうち最大のものは、教養教育を行う組織の解体でした。改正前の大学設置基準は、大学の教育課程は一般教育科目、外国語科目、保健体育科目、および専門教育科目を備えていなければならないとして、それぞれの必修単位数を定めていました。この規定が撤廃され、設置基準上、大学が一律に置かなければならない科目が存在しなくなったのです。その結果、多くの大学で、学士課程教育における専門教育重視の傾向が強まり、一般教育や外国語、保健体育の科目が削減されることになりました。また、多くの国立大学では、教養教育を担ってきた教養部が改組され、全学的な実施体制がつくられました。この組織改革の結果、教養部があった時代に比べて、教員間の研究費や意識の格差を縮めることにはつながったものの、有効な教養教育の責任体制を生み出すことはできませんでした。

設置基準の大綱化はまた、学部・学科などの研究・教育組織にも大きな変化を及ぼしました。連動して行われた九一年の学校教育法と学位規則の改正により、学士は学位とされ、「学士（〇〇学）」のように標記されるようになりました。この改正を境に、それまで二九種類に限定されていた学士の種類は急速に増加し、四〇〇種類を超えるまでになりました。学士の種類の増加は国立大学にも見られましたが、特に私立大学において顕著でした。

学位の質保障を相互認定により行っている米国では、アカデミックな学位以外のものは、専門職団体による課程や修了資格の認定により、社会的な通用性を保っています。臨教審が文部省の規制に代わる大学の水準と質の保障のしくみとして提起したアクレディテーションが発展すれば、日本でも学位の種類は落ち着くものと思われました。しかし、現状はそうなっていません。学位の野放図ともいえる多様化は、大学が他大学との差異化を図るために目新しい名称をつけた結果であり、主な動機は自校の志願者数を増加させることでした。ところが、これら新名称の学部は、一部を除いて、学生の獲得につながりませんでした。わずか数年で再転換したものも少なくありません。

このように、組織改革が生き残りの手段とされたとき、大学は「社会的要請」に応えることもできなくなるというのが、これまでの経験から導かれる教訓ではないでしょうか。

大学組織の再編・統合

一九九〇年代は、教員養成系大学・学部の研究・教育組織の再編もすすみました。教育学部の縮小を避けるために卒業生の教員採用率を見かけ上高めようとする措置がとられた結果、教員免許状の取得を卒業要件としない「新課程」「ゼロ免課程」などと呼ばれる組織が九〇年代に入り全国に広がったのです。また、大学によっては、廃止された教養部の教員の多くを教育学部が引き受けることになったため、「新課程」は教育養成系課程の肥大化を食い止める役割も果たしました。設置基準の大綱化はここにも大きな影を落としています。

一九九七年、橋本龍太郎首相の下で行われた、いわゆる橋本行革の一環としてはじまる「教員養成課程学生 五〇〇〇人削減」により、「新課程」はさらに拡大しました。その結果、それまで教育学部を名乗っていた教員養成系学部のうち、「新課程」の学生定員の比率が五〇%を超えるものは教育学部を名乗ることができなくなりました。

定員削減の数値目標が、各大学の自主的判断の結果ではなく政府決定のトップダウンとして、しかも行革関連の会議における文部省の決意表明のかたちで決められたことは、臨教審以降、一部の関係者がめざしてきた、規制緩和を通じて政府の権力的な統制を排除していこうとする方向が無力化されたことを意味します。橋本行革はほかにも、独立行政法人という、後の大学政策に大きな影響を及ぼす制度を産み落としました。

後のことになりますが、このような体制を利用しながら文科省がめざしたのは、〇五年に中教審答申が示した「大学の機能別分化」の方向です。ここでは、①世界的研究・教育拠点、②高度専門職業人養成、③幅広い職業人養成、④総合的教養教育、⑤特定の専門的分野（芸術・体育等）の教育・研究、⑥地域の生涯学習機会の拠点、⑦社会貢献（地域貢献・産学官連携・国際交流等）などの機能を挙げ、各大学に、これらのいくつかに重点を置くものとして「緩やかに機能別に分化していく」ことを期待しました。実際には、各大学は大学評価や各種の補助金の獲得を通じて、「機能別分化」を遂げていくようにしむけられており、かつ、政策サイドの想定するような機能の強化に力を入れなければならない状況に置かれることになりました。例えば、「世界的な教育研究の拠点形成」を名目として募集された「21世紀COEプログラム」は、大学院博士課程を持つことを申請条件としており、同課程を認められていない国立大学を排除するものでした。

〇九年、文科省は、国立大学法人の第一期中期目標期間（二〇〇四～〇九年度）を総括して、以後、国立大学の教員養成系や「新課程」の学部・大学院組織などを改廃の検討対象とする方針であることを明らかにしました。二〇一五年の文科大臣「決定」につながる内容がすでに表明されていたのです。

「質保証」という名の統制

〇八年の九月以降、中教審は、「中長期的な大学教育の在り方について」と称する一連の報告を発表してきました。企業活動のグローバル化が進展する一方、日本国内では高齢化や人口の減少がすすんでいくことは避けられないことから、これらに対応した大学の再編と教育の「質保証」をはかっていこうというのが、その基本スタンスです。

大学教育の「質保証」は、大学が体系的なカリキュラムを整備し、それに沿って授業を実施すること、修得すべき専門的知識・技術を明確にし、修得された知識・技術と、学位に付される専門分野名(「博士(〇〇学)」の「〇〇学」の部分)を一致させていくことにより行われます。これらのうち、カリキュラムの整備、授業の実施は個別の大学・教育組織の役割である。課程と学位との対応について認定するのは、各専門分野の教育関係者によりつくられた評価機関の役割です。

評価機関は、〇三年の専門職大学院の発足と〇四年の認証評価の実施を契機として増加しています。専門職大学院については、法科大学院のほか、経営(ビジネススクール)、技術経営、会計、公共政策、公衆衛生、臨床心理士、教職などの専門職大学と、それらに対応した機関があらわれています。学士課程（学部段階の課程）を個別に認定する機関は現在のところ存在しないものの、〇八年一二月の中教審「学士課程答申」（「学士課程教育の構築に向けて（答申）」）では、各大学に学位授与の方針（ディプロマ・ポリシー）、教育課程の内容・方法の方針（カリキュラム・ポリシー）、入学者受け入れの方針（アドミッション・ポリシー）を明確にすることを求めています。文科省は、認証評価機関が行う大学評価の基準に取り入れさせ、教育情報を公開させることによって、これら「学士課程教育」の枠組みを各大学に徹底しようとしているのです。このようなしくみが整備されれば、学生の学修状況の把握に役立つだけでなく、国際的な単位互換も容易になるなどメリットが大きいというのがその理由です。

これらの政策は、教育を受けた人間が示す結果（アウトプット）をコントロールすることにより「成果」を導こうというものです。さまざまな指標によって測定された結果を明示し、その向上やとりくみの改善がはかられている様を示すことによって、大学は「社会的要請」に応えていくべきだというのです。

新自由主義改革と国家統制強化の二〇年

九〇年代初頭の政策は、八〇年代に臨教審が提起した方針に従い、共通の設置基準によるのではなく、自身の点検・評価により社会的な説明責任を果たすことを大学に求めるものでした。文部省も表向きは設置基準を緩和したものの、設置認可の審議の際に用いる内規を緻密なものにするなどして、一八歳人口の急減に対応するために「大学等の新増設及び定員増については原則抑制」とする方針を継続したのです（大学審議会「平成五年度以降の高等教育の計画的整備について（答申）」九一年五月）。さらに、入学者数が落ち込むことが予想される九五年以降を大学の「質的充実」をはかる好機ととらえ、さまざまな介入を大学に対して行うようになりました。自己点検・評価の実施状況などを調査し、その結果を「大学改革の進展」と題して公表するようになったのもこの時期です。

橋本行革による国家機能の再編、小泉・安倍政権時代にとられた公財政の「選択と集中」方針は、いわゆる窓口規制から、直接的な統制と、特定の大学やプログラムに対して集中的に投資を行う方向へと政策手法を変化させています。規制緩和論の嵐が過ぎると、国立大学に対する行政組織権や、公私立大学に対する設置認可権や法令違反に対する改善勧告権など、本来の意味での行政権も、「質保証」の手段として積極的に位置づけられるようになってきました。

このように、新自由主義改革の展開を背景としながら、政府の大学に対する統制は確実に強化されてきました。その結果行われたのが、二〇〇〇年代の国立大学法人化だったのです。

第四章　国立大学法人化の根本問題

設置者の組織権と財政権

国立大学法人化は、それまでの国立大学のしくみを大きく変える制度変更でした。とはいえ、法人化するからといって、国立大学のすべてを変える必要があるわけではありません。また、そうするのがよいわけでもありません。政府内部、政府と大学の間、そして、大学関係者の間でも、何を変え、何を保つのか、さまざまな議論がたたかわされました。

大きな争点になったのは三つのことがらです。一つは、国立大学の財政制度をどうするかです。二つ目は、国立大学の研究・教育組織をどうするかです。そして、三つ目は、国立大学の教職員の身分をどうするかです。突き詰めれば、国立大学の財政と組織のあり方ということになります。教職員の身分も財政と組織のあり方に深くかかわっています。

これらが争点になったのは、戦後の国立大学においては、大学の設置者である国の組織権および財政権を通じた統制と大学の自治との関係が一大問題となってきたからです。すなわち、政府は国立大学の設置者として財政支出を行い、組織や資産を管理しますが、同時に、そのことを通じて行われる、学術研究・高等教育を国の事業と見なし、一定の成果を期待することになります。例えば、国としてある数の理工系の大学卒業者を育成する必要があると考えれば、そのために学生定員を設け、教員や大学の施設設備を整えます。そのため、どの大学にどのような学部・

学科をつくるかの決定も、大学側の意見は聞きますが、最終的には国の政策として、行政的に決定されることになります。そして、国立大学は前身校の性格や規模による格付けにより区分され、それぞれのまとまりの中で整備されることになりました。

このことは二つの問題を生みます。一つは、国立大学の組織のあり方が政府との個別のネゴシエーションにより決定されるため、その過程は常に不透明になるということです。その結果、官界とのパイプを持つ有力者が幅を効かせるなど、学問・教育の論理とも、立憲主義とも異なる論理が横行する危険も生じます。二つ目は、国立大学の全体的な発展方向を構想することができず、集団的な自治の形成が妨げられるということです。このようにして、国立大学においては、研究・教育組織の内容や規模を行政の決定に委ねるかわりに、教員人事に関しては教授会が強力な権限を行使するという体制が形成されました。

しかし、一九八〇年代後半以降本格化した行政改革の波はこのような状態を存続させることを許さず、国立大学の研究・教育組織のあり方をも変えようとしました。これに対して、国立大学側は、先のような問題を克服する必要があることを自覚しながらも、結局、有効な枠組みをつくることができないまま、最後は政治力に押し切られ、国立大学が法人化が行われてしまったのです。そして、教員養成系は、まさにこうした行政改革の矢面に立たされてきた分野なのです。

政府が大学の目標を定めることの問題

法人化以降、学部・大学院など国立大学の基本組織の改廃は、各国立大学の中期目標・中期計画の中に書き込まれることにより、実施されることになりました。「文系の縮小・廃止」も、この中期目標・中期計画により行われることになります。

中期目標とは、大学が六年間の期間のうちに達成すべき目標を掲げたものです。また、中期計画とは、その目標を実現するための計画を示したものです。いずれも、国立大学法人法という法律によって、策定しなければならないことになっています。法律上、中期目標を作成する主体とされているのは文部科学大臣です。ただし、文部科学大臣は中期目標をつくる際、「あらかじめ、国立大学法人等※の意見を聴き、当該意見に配慮」しなければならないとされています。一方、中期計画の作成主体は各国立大学法人ですが、最終的に文部科学大臣の認可を受けなければなりません。このように、政府の大学に対する配慮規定があるとはいえ、政府が大学に対して目標を与え、大学はその目標に従って計画をつくらされるというのが、国立大学法人法が定めた中期目標・中期計画の基本的な枠組みです。

この枠組みは重大な問題をはらんでいます。それは、政府が特定分野の研究・教育の実施の可否を判断する権限を持ってしまうということです。国立大学の学部や大学院組織のあり方は、国民の基本的人権である学問の自由の保障と密接にかかわっています。例えば、歴史学を研究・教育する大学がなければ、歴史学を学びたいと考える人びとの学問の自由を保障することはできません。同じことは、他のあらゆる学問分野にあてはまります。廃止だけでなく、特定の学問分野を国策的に奨励していくことも可能です。政府は中期目標の制定権を通じて、このような影響力を行使することができるのです。

このことは、国立大学法人法の制定過程で、大きな問題となりました。国会審議では、文部科学大臣が国立大学法人の「意見に配慮する」だけでは不十分であるから、「意見を尊重する」に文言をあらためるべきだとする意見が出されました。さらに、民主党からは、中期目標の作成主体を国立大学法人とする修正案が提出されました。しかし、この修正案は賛成少数のため否決されています。

※国立大学法人法により、国立大学とともに共同利用機関と呼ばれる研究機関も法人化されました。「国立大学法人等」とは、国立大学法人と共同利用機関法人のことを指す用語です。

独立行政法人制度の適用と修正

政府が国立大学法人に目標を与え、評価に基づいて組織・業務の内容を管理するというしくみは、国立大学法人よりも先につくられた独立行政法人（独法）制度の中で用いられたものです。

独法は、一九九〇年代末の行政改革の議論により生まれたもので、政府部門を法人化し、人員の配置や予算の使い方などについて行政組織全体にかけられている規制を一部解除することにより、組織の目標や業務の内容に見合った運用ができるようにし、業務の効率化をはかるのがねらいです。ただし、独法がもともとの目的を外れるような業務を行ったり、組織を肥大化させたりすることのないように、あくまで中期目標は政府が定めることになっています。そして、独法化は中期目標に従って中期計画を策定・実施、中期目標期間が終了したときに政府の評価を受け、次の中期目標期間にも業務や組織を継続するか判断するというしくみになっています。このような、目標・計画─業務の実施─評価─業務・組織の改廃という一連の流れの繰り返しは、PDCAサイクルとも呼ばれ、行政改革の有力な手法とされてきました。

このようなPDCAサイクルを国立大学に当てはめようとすると、大学は、政府が立てた目標に従って業務を行い、評価を受け、業務・組織の改廃の命令を受けることになります。つまり、学術と高等教育の方向や目標を政府が決め、大学はそれに従って事業を実施する機関になってしまうのです。

こうしたやり方が、大学における学問の自由の保障という観点から大きな問題を持つことは、すでに述べた通りです。このことは、政府自身も認めており、学問の自由を侵害しないように歯止めをかけるいくつかの措置をすることを約束してきました。

その一つが、文部科学大臣が国立大学法人の中期目標を策定する際、大学の意見を聴き、これに配慮することです。具体的には、中期目標は各大学が「原案」をつくり、文部科学大臣は、財政上の措置が取れないなど「真にやむをえない場合」を除いて、大学がつくった「原案」を尊重することとしています。

政府はまた、文部科学大臣が中期目標期間の終了時に行う業務・組織の改廃についても、中期目標期間の業務実績に関する評価の結果を大学が受けとめ、大学が次の中期目標の原案策定を通じて行う、と述べてきました[※]。

※「法案第三条に規定された教育研究の特性への配慮義務などを踏まえまして、中期目標期間の終了時における検討結果につきましては、まず各国立大学法人においてこれをしっかりと受け止めて、次期中期目標期間における大学運営に責任を持って反映させることが大前提となっている」（二〇〇三年七月八日参議院文教科学委員会における遠山敦子文部科学大臣（当時）の答弁）。「基本的には、評価結果を反映させた次期中期目標、中期計画が策定され、その内容に応じてその業務の確実な実施を担保するための所要の予算措置を講ずるということになる」（二〇〇三年五月二九日参議院文教科学委員会における遠藤純一郎高等教育局長の答弁）。

すなわち、独立行政法人では、中期目標期間の業務実績の評価結果を受けて、業務・組織を継続するか否かを担当大臣が判断することになっているのに対して、国立大学法人では、業務・組織の改廃を判断するのはあくまで大学自身だというのです。そして、業務・組織が継続されることが中期目標に盛り込まれたならば、政府は確実に財政措置を行うから心配はいらないというのが、国会における政府答弁でした。

このような約束が完全に守られるのであれば、形式上は、政府が目標を与え、大学の業務実績を評価して組織を改廃するというしくみがとられていても、実質的には、大学組織は自律性を保ち、学問の自由が侵害されることもできなくはありません。

ところが、第一期中期目標期間（二〇〇四～〇九年度）の終了時において、文科省は、「組織及び業務全般の見直し」の方針を大臣決定として行い、その中で全大学に対して、（1）大学院博士課程の組織の見直し、（2）法科大学院の組織の見直し、（3）教員養成系学部の組織の見直し、（4）その他の学部・研究科等における組織の見直し、（5）附置研究所の組織の見直し、に「努める」ように求めました。「決定」の内容は、個別の国立大学法人について述べるのではなく、国立大学法人を組織別に束ね、それぞれについての組織改廃の方向を示すものとなっています。文科省が、法人化以前の国立大学に対して脈々と行ってきた集合的な統制が復活したのです。

大臣がこのような内容の「決定」を行うことは、国立大学法人法＝独立行政法人通則法の規定にはない。したがって、内容から見て、文部科学大臣の「決定」は法的根拠を欠いています。さらに手続きから見ても、「決定」は正当性があるか疑わしいものでした。第一期中期目標期間の業務実績に関する国立大学法人評価委員会の評価は二〇〇九年三月、「暫定評価」（二〇〇四〜〇七年度の業務実績に関する評価）として一応行われました。ところが、これより前、二〇〇九年二月五日に文科省は、後の文科大臣「決定」（「第二期中期目標期間における国立大学法人等の組織及び業務全般の見直しの方針」二〇〇九年六月五日）のひな型となる文書（「国立大学法人等の組織及び業務全般の見直しに関する視点」）を各国立大学法人宛てに通知しました。そして、各国立大学法人は、これに従って第二期中期目標・中期計画の「素案」の策定をすすめ、六月三〇日に文科省に提出したのです。中期目標期間の業務実績の評価に基づき、組織・業務のあり方を検討するという法人化の建前は、第一期中期目標期間の途中で早くも崩されたことになります。

中期目標の策定権は、法律上は文科大臣にあるものの、文科省はそれまで、中期目標の内容は大学側が策定したものを尊重し、「財政面の問題等、真にやむを得ない場合に限る」としていました。ところが、第二期中期目標の策定過程でその方針をあっさりとくつがえし、中期目標の内容が文科大臣「決定」に沿ったものとなっているかを国立大学法人評価委員会においてチェックすることとしたのです。

このように、内容、手続きの両面において相当問題があるにもかかわらず、文科大臣「決定」がつくられ、国立大学法人の中期目標の原案策定権を空洞化させてきたのが、第二期中期目標期間の直前に起きた問題でした。第三期中期目標の策定に先立ち行われた今回の文科大臣「決定」もこれとまったく同じ問題をはらみ、かつ拡大させていることは、すでに述べた通りです。

「運用による修正」の破綻

国立大学法人のもう一つの大きな問題は財政です。運営費交付金と呼ばれる国立大学法人に対する政府からの支出は、法人化前、国立学校特別会計への一般会計からの繰入金を引き継ぐものです。この繰入金には、教職員人件費が必ずその目的に使用しなければならない義務的経費として含まれていました。ところが、教職員の「非公務員化」がはかられたことによりその性格は一変しました。政府は教職員の人件費支出の義務を免れ、「効率化」や「経営改善」などの名目により財政支出を減額したり、政策を推進するための経費化に振り向けることが自在にできるようになってしまったのです。

「大学改革実行プラン」により、運営費交付金の三〜四割を改革促進経費として配分するという政府方針もこの延長線上にあります。大学側から見れば、運営費交付金の減額や政策経費化は、財政面での裁量を著しく狭めるものであり、望ましくありません。とはいえ、こうした事態が起こりうることは、独立行政法人通則法をベースに法人化が行われた時点で予見できるものでした。そうであるからこそ、国立大学協会は、国立大学法人法が制定されるまでの間、人件費と物件費の区別し、特に前者を確実に確保できる制度にすべきだという要望を出していたのです。さらに、運営費交付金を十分に確保すべきことは、国会附帯決議にも掲げられました。しかし、この確実な運営費交付金の確保を保障する法律上のしくみは存在していません。

国会審議の中で政府側が約束したのは、中期目標終了時点で発動される大臣の組織改廃権を、大学にふさわしいかたちで規制することでした。具体的には、国立大学法人評価委員会が行う中期目標期間の業務実績に関する評価の結果を、文部科学省ではなく、国立大学法人が受け止め、次の中期目標の原案作成に生かしていくというものです。このことにより、特定の研究・教育組織に関する評価結果が悪かったとしても、そのことをもってただちに組織を縮小・廃止するのではなく、次期中期目標の中に改善の方向を位置づけるなど、大学の裁量でさまざまな手だてを取ることができるようになります。

このようなかたちで評価結果と中期目標とを結びつけるのであれば、各国立大学法人には、評価委員会による中期目標期間評価の結果を分析した後に中期目標の原案作成を行うことのできる時間的余裕がなければなりません。ところが、第一期中期目標期間においては、このような余裕はないどころか、中期目標期間評価の結果が確定しないうちに、国立大学法人評価委員会から「組織及び業務全般の見直しの視点」と称する文書が示されました。そして、各国立大学法人は、この文書をもとに中期目標の「素案」を作成するよう迫られ、文部科学省のチェックを受けて中期目標の「原案」を確定していったのです。

文部科学省が「国立大学改革プラン」によりすすめようとしている国立大学法人の第三期中期目標の作成プロセスは、第二期中期目標の作成途上で行われた法人制度の運用方針の重大な変更をさらに推し進めるものです。すなわち、これまで述べてきたように、政府が一方的に決定した「大学改革実行プラン」に基づいて大学に「ミッションの再定義」にとりくむことを強要し、かつ「ミッション」の内容にも介入を行っています。そして、この内容を基本として第三期中期目標をつくらせるというのです。大学の自主的な中期目標の原案の作成、評価結果に基づき大学自身が次期中期目標を作成するという、法人化の過程でめざすとされていた制度の運用は名実とも存在しなくなったといえます。

このように、「大学改革実行プラン」以降、国立大学の法人化の問題点を運用によってカバーするという政府の約束は、ほぼすべて反故にされています。国立大学法人化は大学経営の自由を増すための改革だったと言われることがありますが、実際に拡大したのは、実質的な経営権を握る者、すなわち、文部科学省や財務省など政府の裁量権だと見て間違いありません。「大学ガバナンス改革」により拡大したとされる学長権限も、実質的には、これら政府の求める改革を遂行するための指揮権に過ぎないのです。

第五章　国立大学改革の課題と基本方向

世界の中の国立大学

言うまでもなく、大学制度は日本だけのものではありません。国立大学のあり方を考える際にも、国際的な大学の状況や役割を視野に入れる必要があります。

経済協力開発機構（ＯＥＣＤ）の教育統計の中に、加盟国の大学教育プログラム在学者の専攻別の割合を示したものがあります。それによると、「人文科学・芸術・教育」は加盟国平均で二三・〇％、日本では二三・九％となっています。「社会科学・商学・法学」は、加盟国平均三四・六％、日本は三四・〇％です。どちらも日本はＯＥＣＤ諸国並みであり、特に多いということはありません。逆に、日本がＯＥＣＤ諸国の平均から大きく外れているは、「自然科学」（ＯＥＣＤ 一〇・一％、日本 三・七％）、「その他」（ＯＥＣＤ一・六％、日本八・五％）です。これらの数値をどう読むかは、より詳しく検討しなければなりませんが、少なくとも、「社会的要請」の名により「その他」分野を拡大してきた日本の状況は、国際的なトレンドから大きく外れていることは間違いありません。

日本の大学で特に問題にすべきことは、国立大学の比率でしょう。二〇一五年度学校基本調査（速報値）によれば、現在、人文科学系の学科に在学している学部学生は三六万八千人余りいます。この中で国立大学の学生数は三万〇九四九人（八・四％）です。また、社会科学系に在籍している学部学生数は、全体が八二万八千人余り、うち国立大学は六万七五二八人（八・二％）に過ぎません。国立大学に限れば、現状でも人文・社会科学系の規模は非常に小さいのが実情です。

日本の大学の学問分野のバランスが国際的に見ていびつであることは、戦前の日本の高等教育が国家的有用性という観点から欧米の諸学を取り入れるために大学の体制整備をはかってきたことや、戦後の大学進学率の上昇に対して国立大学が十分整備されなかったことなどに由来するものです。このような学問分野間のアンバランスを、「社会的要請」の名の下に拡大しようとしているのが、現在の文科省の政策なのです。

社会生活において「実用」や「問題解決」が求められることは当然ですが、問題解決の方向や問題に対処する方法は決して一つではありません。他の社会や過去のさまざまな例についても、なぜそのような選択が行われたのか、背景や思想を含めて理解することが大切です。人類全体の平和的な生存のために、とりくまなければならない問題が山積している現代社会において、ものごとを深くかつ広い視野の中で考える機会は、基本的に青年期以降のすべての人びとに保障されなければならないはずです。そうした社会的条件の整備につながるものであるのかという視点から、今日の大学政策を問い直す必要があります。

各分野の学問は、それぞれの発展の歴史を持ち、かつ相互に影響し合っています。したがって、学問分野のアンバランスの拡大は、切り捨ての対象となった分野はもちろん、学術の全体的発展を阻害することにも帰結します。社会の先行きが不透明であればあるほど、困難が想定されればされるほど、私たちは、あらゆる可能性に向けた知的探究を行っていく必要があるはずです。研究・教育にもとづかない政府の意思や一時的な受給によって学問分野を刈り込んでしまうことは、社会にとっての大きな損失となります。

国立大学改革の課題と基本方向

二〇年以上、政府主導の大学改革に翻弄されてきたこと、さらに、運用によって学問の自由を守るとされてきた国立大学法人制度が破綻していることなど、国立大学の危機打開は困難だと言わなければなりません。しかし、これまでの経験から、その場しのぎの対応に展望がないことは明白です。

国立大学法人法は抜本的に改正される必要があります。本論で明らかにしてきたように、政府による法人法の運用は、先の大学側の努力を制約、圧迫することはあっても、国立学校の政府からの独立と組織運営の自治を保障するものとはなりえていません。反面、独立行政法人通則法に対する重要な修正である、大学に付与された中期目標の原案権を実質あるものとすることも、大学にふさわしい評価制度の運用を図ることも、政府のごまかしと不作為により、ことごとく実現できずにいます。本来ならば、このような運用は、法人法三条の「教育研究の特性に配慮」する義務規定、法人法制定時点にあった教育基本法（旧）第十条の教育に対する「不当な介入」の禁止規定、さらには、憲法二三条の「学問の自由」の保障にも抵触するものとして排除されなければならないはずです。それができないのは、法人法に欠陥があるためです。

法人法の基本的な問題点は、独立行政法人通則法（通則法）の規定の多くを準用していることです。例えば、中期目標の制定その他広範な事項に関して、文部科学大臣と財務大臣との協議が義務づけられています。これらの下で行われる文部科学大臣には、行政組織権を用いて国立大学の「組織及び業務全般の見直し」を行う権限が与えられています。これらを遮断しない限り、国立大学法人は国家からの統制を免れることはできません。同時に、運営費交付金の減額を停止するとともに、いくらでも政府の裁量を拡大するような性格を改め、各大学の研究・教育組織等に必要額が確保されるようにしなければなりません。そのためには、法人法の改正は不可欠です。

また、法人法が求めている中期目標期間終了時に見込まれる業務実績の評価が行われていないのに、大臣が「決定」と称して、勝手に国立大学法人の組織改廃の方針を打ち出し、中期目標「素案」をつくらせ、さらに修正していくという異常な事態を見逃すことはできません。このことに関しては、まず中期目標の策定プロセスと評価結果の利用を法人法の規定通りに行わせる必要があります。

大学の自己統治力は、目標・評価制度の改善のためにも発揮される必要があります。中期目標期間の業務実績に関する評価の目的は、大学が精一杯とりくんだ成果や努力の過程を評価し、その中から浮かび上がってきた問題点を明らかにすることです。問題が大学内部のことがらであれば、次期の中期目標において改善方針を立てればよいことになります。また、問題が大学内部の努力だけでは解決できない場合は、大学が集団的に、あるいは学外の人びとと連携して改善の方向を探る必要があります。問題の原因が制度や政策にある場合には、評価はそのことを指摘できるものでなければなりません。現行の国立大学法人評価は、このような評価とは程遠いものです。評価委員会の組織、運営、議事の公表の方法なども改革する必要があります。

法人化されて以降も、国立大学では、大学の自治を守り、研究・教育および大学の社会的機能を発展させるためにさまざまな努力が積み重ねられてきました。「教育研究」「経営」といった審議・報告事項の区別を杓子定規に行うことなく、広く情報の共有を図ったり、研究・教育の論理に基づいて経営事項を議論できるような機会を確保している大学は少なからず存在します。これらは、各国立大学が自己統治力を発揮しながら学外との交流をすすめることにより可能になったものであることに注目すべきでしょう。二〇一五年三月、和歌山大学長を退任した山本健慈氏は、次のように述べています。「私の実感でいえば、私のリーダーシップの根源となる多くの構想や改革は……学内外の方々との意見交換のなかで生まれ、育まれてきたものだと確信している。あえて付け加えれば教授会等の学内の議論で私のリーダーシップや実際の改革が阻害された経験は皆無である」。

いま求められているのは、国立大学の組織運営の自治を否定し、研究・教育組織を破壊することではなく、それらを生かし発展させていくことです。

参考資料

[図表 1]

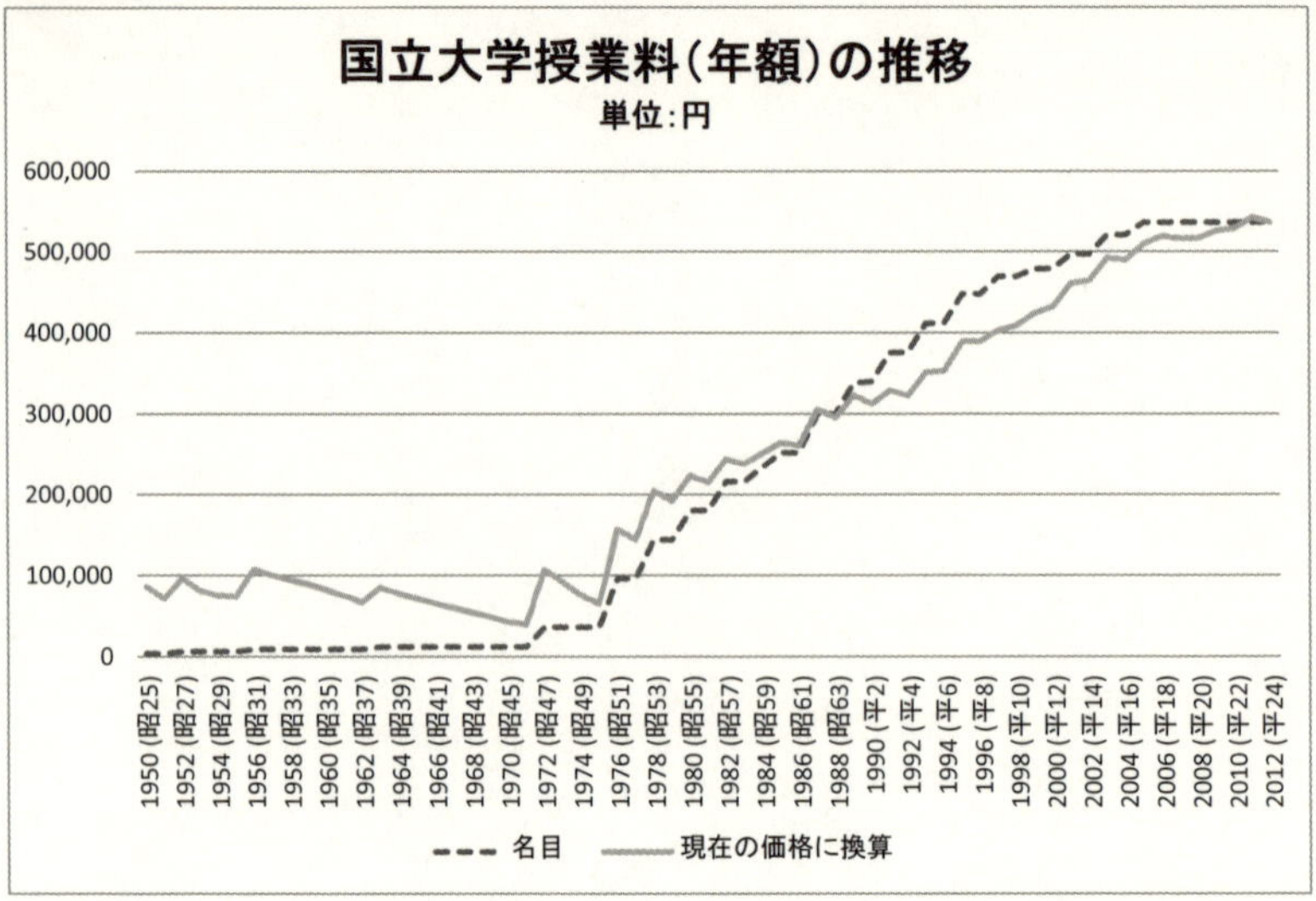

年度	名目	現在の価格に換算	年度	名目	現在の価格に換算
1950(昭和25)年	3,600	85,994	1982(昭和57)年	216,000	244,155
1951(昭和26)年	3,600	71,597	1983(昭和58)年	216,000	238,179
1952(昭和27)年	6,000	96,256	1984(昭和59)年	234,000	251,441
1953(昭和28)年	6,000	80,306	1985(昭和60)年	252,000	264,046
1954(昭和29)年	6,000	75,713	1986(昭和61)年	252,000	260,931
1955(昭和30)年	6,000	73,974	1987(昭和62)年	300,000	305,579
1956(昭和31)年	9,000	107,502	1988(昭和63)年	300,000	294,896
1957(昭和32)年	9,000	100,575	1989(平成元)年	337,800	322,926
1958(昭和33)年	9,000	94,789	1990(平成2)年	339,600	312,311
1959(昭和34)年	9,000	89,112	1991(平成3)年	375,600	328,587
1960(昭和35)年	9,000	82,348	1992(平成4)年	375,600	322,139
1961(昭和36)年	9,000	75,025	1993(平成5)年	411,600	351,345
1962(昭和37)年	9,000	66,746	1994(平成6)年	411,600	352,825
1963(昭和38)年	12,000	85,326	1995(平成7)年	447,600	389,256
1964(昭和39)年	12,000	77,202	1996(平成8)年	447,600	389,508
1965(昭和40)年	12,000	70,957	1997(平成9)年	469,200	402,836
1966(昭和41)年	12,000	65,390	1998(平成10)年	469,200	409,129
1967(昭和42)年	12,000	60,171	1999(平成11)年	478,800	424,193
1968(昭和43)年	12,000	53,988	2000(平成12)年	478,800	432,051
1969(昭和44)年	12,000	48,789	2001(平成13)年	496,800	460,552
1970(昭和45)年	12,000	43,178	2002(平成14)年	496,800	464,408
1971(昭和46)年	12,000	39,257	2003(平成15)年	520,800	492,483
1972(昭和47)年	36,000	107,284	2004(平成16)年	520,800	489,926
1973(昭和48)年	36,000	91,888	2005(平成17)年	535,800	509,564
1974(昭和49)年	36,000	75,737	2006(平成18)年	535,800	519,176
1975(昭和50)年	36,000	65,210	2007(平成19)年	535,800	516,019
1976(昭和51)年	96,000	157,173	2008(平成20)年	535,800	516,379
1977(昭和52)年	96,000	144,213	2009(平成21)年	535,800	525,574
1978(昭和53)年	144,000	204,290	2010(平成22)年	535,800	528,277
1979(昭和54)年	144,000	191,937	2011(平成23)年	535,800	541,865
1980(昭和55)年	180,000	223,407	2012(平成24)年	535,800	535,800
1981(昭和56)年	180,000	214,614			

出典　総務省統計局「小売物価統計調査」

[図表 2]

国公立教育機関の平均授業料（米ドル）

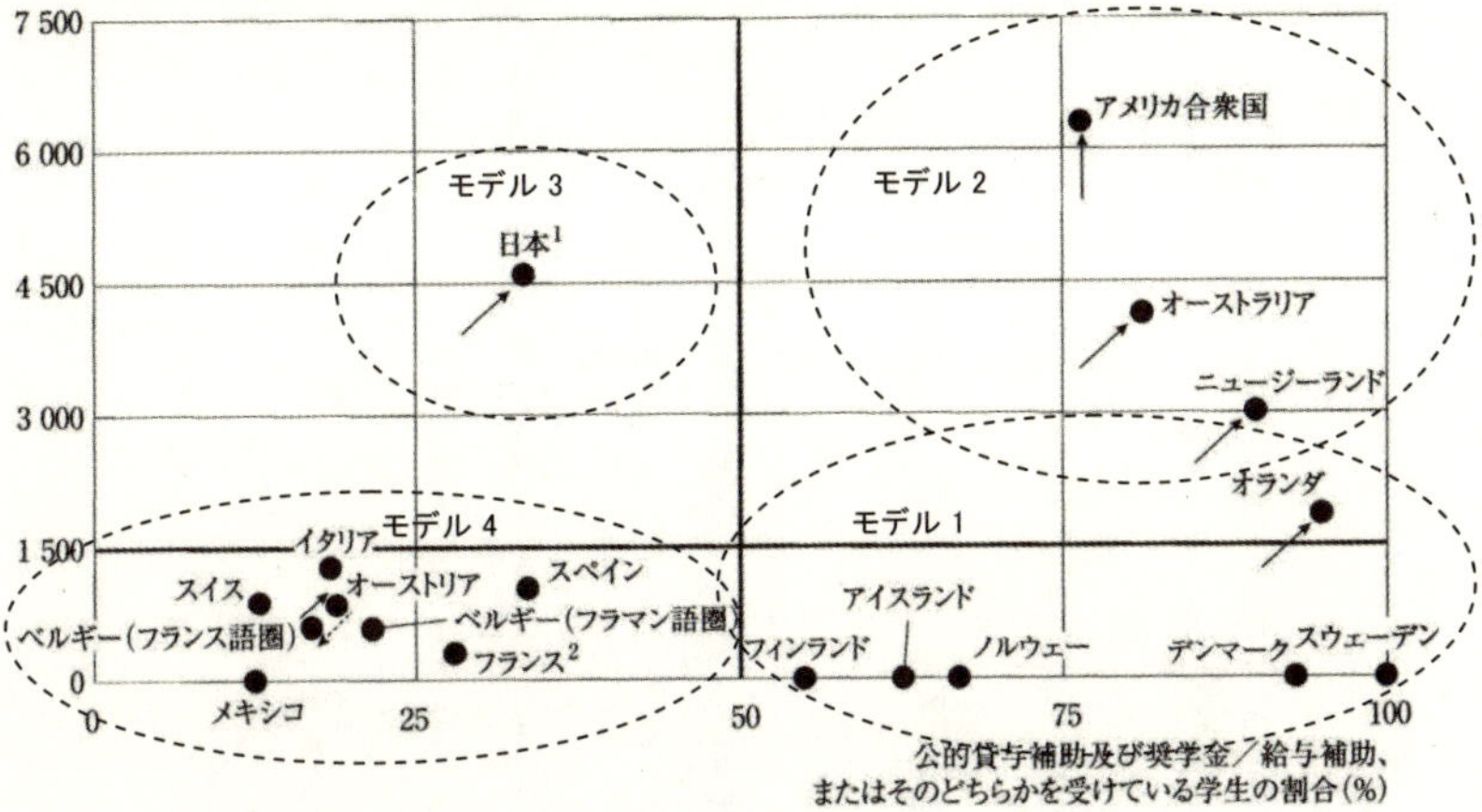

1. 授業料は国公立教育機関のものだが、学生の3分の2超は私立教育機関に在籍している。
2. 教育省が管轄する大学の平均授業料は190～1,309ドル。

矢印は2000年～2008年の推移を示している。『図表で見る教育』（OECDインディケータ）2011年度版に一部加筆。

【参照法令】

日本国憲法（昭和二十一年十一月三日憲法）
第二十三条　学問の自由は、これを保障する。
第二十六条　すべて国民は、法律の定めるところにより、その能力に応じて、ひとしく教育を受ける権利を有する。
二　すべて国民は、法律の定めるところにより、その保護する子女に普通教育を受けさせる義務を負ふ。義務教育は、これを無償とする。

旧・教育基本法（一九四七年三月三十一日法律二十五号）

（教育の目的）

第一条　教育は、人格の完成をめざし、平和的な国家及び社会の形成者として、真理と正義を愛し、個人の価値をたつとび、勤労と責任を重んじ、自主的精神に充ちた心身ともに健康な国民の育成を期して行われなければならない。

（教育の方針）

第二条　教育の目的は、あらゆる機会に、あらゆる場所において実現されなければならない。この目的を達成するためには、学問の自由を尊重し、実際生活に即し、自発的精神を養い、自他の敬愛と協力によって、文化の創造と発展に貢献するように努めなければならない。

（学校教育）

第六条　法律に定める学校は、公の性質をもつものであつて、国又は地方公共団体の外、法律に定める法人のみが、これを設置することができる。
二　法律に定める学校の教員は、全体の奉仕者であって、自己の使命を自覚し、その職責の遂行に努めなければならない。このためには、教員の身分は、尊重され、その待遇の適正が、期せられなければならない。
（教育行政）
第十条　教育は、不当な支配に服することなく、国民全体に対し直接に責任を負って行われるべきものである。
二　教育行政は、この自覚のもとに、教育の目的を遂行するに必要な諸条件の整備確立を目標として行われなければならない。

国立大学法人法(平成十五年七月十六日法律第百十二号)

(目的)

第一条　この法律は、大学の教育研究に対する国民の要請にこたえるとともに、我が国の高等教育及び学術研究の水準の向上と均衡ある発展を図るため、国立大学を設置して教育研究を行う国立大学法人の組織及び運営並びに大学共同利用機関を設置して大学の共同利用に供する大学共同利用機関法人の組織及び運営について定めることを目的とする。

(教育研究の特性への配慮)

第三条　国は、この法律の運用に当たっては、国立大学及び大学共同利用機関における教育研究の特性に常に配慮しなければならない。

(中期目標)

第三十条　文部科学大臣は、六年間において国立大学法人等が達成すべき業務運営に関する目標を中期目標として定め、これを当該国立大学法人等に示すとともに、公表しなければならない。これを変更したときも、同様とする。

2　中期目標においては、次に掲げる事項について定めるものとする。

一　教育研究の質の向上に関する事項

二　業務運営の改善及び効率化に関する事項

三　財務内容の改善に関する事項

四　教育及び研究並びに組織及び運営の状況について自ら行う点検及び評価並びに当該状況に係る情報の提供に関する事項

五　その他業務運営に関する重要事項

3　文部科学大臣は、中期目標を定め、又はこれを変更しようとするときは、あらかじめ、国立大学法人等の意見を聴き、当該意見に配慮するとともに、評価委員会の意見を聴かなければならない。

第三十一条　国立大学法人等は、前条第一項の規定により中期目標を示されたときは、当該中期目標に基づき、文部科学省令で定めるところにより、当該中期目標を達成するための計画を中期計画として作成し、文部科学大臣の認可を受けなければならない。これを変更しようとするときも、同様とする。

2～5　略

（各事業年度に係る業務の実績等に関する評価等）
第三一条の二　国立大学法人等は、毎事業年度の終了後、当該事業年度が次の各号に掲げる事業年度のいずれに該当するかに応じ当該各号に定める事項について、評価委員会の評価を受けなければならない。
一　略
二　中期目標の期間の最後の事業年度の前々事業年度　当該事業年度における業務の実績及び中期目標の期間の終了時に見込まれる中期目標の期間における業務の実績
三　略
（中期目標の期間の終了時の検討）
第三一条の四
評価委員会が第三一条の二第一項第二号に規定する中期目標の期間の終了時に見込まれる中期目標の期間における業務の実績に関する評価を行ったときは、中期目標の期間の終了時までに、当該国立大学法人等の業務を継続させる必要性、組織の在り方その他その組織及び業務の全般にわたる検討を行い、その結果に基づき、当該国立大学法人等に関し所要の措置を講ずるものとする。
2　文部科学大臣は、前項の規定による検討を行うに当たっては、評価委員会の意見を聴かなければならない。
3　文部科学大臣は、第一項の検討の結果及び同項の規定により講ずる措置の内容を評価制度委員会に通知するとともに、公表しなければならない。
4　評価委員会は、前項の規定による通知を受けたときは、国立大学法人等の中期目標の期間の終了時までに、当該国立大学法人等の主要な事務及び事業の改廃に関し、文部科学大臣に勧告をすることができる。この場合において、評価委員会は、遅滞なく、当該勧告の内容を公表しなければならない。
5　評価委員会は、前項の勧告をしたときは、文部科学大臣に対し、その勧告に基づいて講じた措置及び講じようとする措置について報告を求めることができる。

●関連年表

一九四六（昭和二一）年　一一月三日　日本国憲法公布
一九四七（昭和二二）年　三月三一日　教育基本法公布・施行、学校教育法公布・施行
四月一七日　教育刷新委員会建議「大学の自由及び自治の確立について」
五月三日　日本国憲法施行
一〇月二一日　国家公務員法公布
一二月二七日　教育刷新委員会総会決議「大学の地方委譲案などについて」
一九四八（昭和二三）年　一月一二日　教育公務員特例法
一〇月　「大学法試案要綱」
一九四九（昭和二四）年　五月三一日　文部省設置法、国立学校設置法
一九五〇（昭和二五）年　七月　国立大学協会発足
一九五一（昭和二六）年　三月七日　国立大学管理法案、公立大学管理法案、国立大学管理法及び公立大学管理法の施行に伴う関係法律の整理に関する法律案（第一〇国会提出、未成立）
一九五三（昭和二八）年　四月二二日　国立大学の評議会に関する暫定措置を定める規則
一九五六（昭和三一）年　一〇月二二日　大学設置基準（文部省令二八号）
一九六〇（昭和三五）年　五月二日　文部大臣（松田竹千代）「大学教育の改善について」諮問
九月一日　大学管理運営改善協議会規定（文部大臣裁定）
一九六一（昭和三六）年　七月一〇日　中央教育審議会「大学教育の改善について」中間報告（大学の目的性格について）
一一月一七日　国立大学協会第一常置委員会小委員会の中間報告案
一九六二（昭和三七）年　五月一一日　日本学術会議勧告「大学の管理制度の改善について」
六月　中央教育審議会答申原案
一〇月五日　日本学術会議声明（第三七回総会）
一〇月一五日　中央教育審議会「大学教育の改善について」（中間報告）・大学の設置・管理運営・入学試験・文部大臣の「拒否権」をめぐり、政府と国立大学との対立深まる
一二月　国立大学運営法案（未提出）（一九六三年一月　国立大学運営法案に関して発せられた文部大臣談話）
一九六三（昭和三八）年　一月二八日　中央教育審議会「大学教育の改善について」
一九六九（昭和四四）年　四月三〇日　中央教育審議会「当面する大学教育の課題に対応するための方策について（答申）」

一九七〇（昭和四五）年　八月三一日　大学設置基準の一部改正（一九七一年四月一日施行）：一般教育科目の開設授業科目の規制緩和、総合科目、卒業要件の規制緩和

一九七一（昭和四六）年　六月一一日　中央教育審議会「今後における学校教育の総合的な拡充整備のための基本的施策について（答申）」

一九七三（昭和四八）年　九月二九日　学校教育法の一部を改正する法律（一〇月一日施行）：大学に学部以外の教育研究上の基本組織副学長

一九八五（昭和六〇）年　二月五日　大学設置基準の一部改正：教員資格の緩和：専門分野について優れた知識・経験を有する者について、学位、業績・教育経験の有無を問わない

一九八六（昭和六一）年　一月二二日　臨時教育審議会「審議経過の概要（その三）」：大学設置基準等の大綱化・簡素化、大学設置審議会等の組織・運営の改革、高等教育機関の組織・運営の活性化

一九九一（平成三）年　六月三日　大学設置基準の一部改正：自己点検・評価努力義務化、学部の例示をやめる、授業科目の区分廃止、卒業要件の規制緩和、授業科目の区分に応じて教員数を定める方式の改定

一九九七（平成九）年　一〇月　文部大臣諮問「二一世紀の大学像と今後の改革方策について」

一二月三日　行政改革会議「最終報告」：国立大学の法人化について引き続き検討し、結論を得る

一九九八（平成一〇）年　八月七日　小渕首相所信表明：一〇年間で公務員定員二〇％減

一〇月二五日　中央教育審議会「二一世紀の大学像と今後の改革方策について―競争的環境の中で個性が輝く大学―」（答申）

一九九九（平成一一）年　五月二八日　学校教育法改正（学部長の創設・所掌事務の明確化）、国立学校設置法改正：大学の一体的・機能的運営、評議会は大学運営に関する重要事項、学部教授会は学部の教育研究に関する重要事項を審議

二〇〇〇（平成一二）年　五月二五日　「新市場・雇用創出に向けた重点プラン」（平沼プラン）

六月一一日　「大学（国立大学）の構造改革の方針―活力に富み国際競争力のある国公私立大学づくりの一環として」（遠山プラン）、同「大学を起点とする日本経済活性化のための構造改革プラン」

二〇〇三（平成一五）年　七月一六日　国立大学法人法関連六法案制定

二〇〇四（平成一六）年　四月一日　国立大学法人第一期中期目標期間（二〇一〇年三月三一日まで）

二〇〇五（平成一七）年　一月二八日　中央教育審議会「我が国の高等教育の将来像（答申）」：大学の機能別分化

二〇〇六（平成一八）年　一二月二二日　教育基本法（法律一二〇号）公布・施行

二〇〇七（平成一九）年　六月一日　教育再生会議第二次報告、大学教育の「質保障」、国際化、教育予算の「選択・集中」による大学改革推進

六月六日　財政制度等審議会「平成二〇年度予算編成の基本的考え方について」、国立大学法人の再編・集約化に資する運営費交付金配分方式

二〇〇九（平成二一）年　三月二六日　国立大学法人評価委員会、「中期目標期間終了時に見込まれる業務実績に関する評価結果」、運営費交付金「評価反映分」を了承

六月五日　文部科学大臣決定「国立大学法人の組織及び業務全般の見直しについて」、大学院博士課程、法科大学院、教員養成系学部などを見直し

一一月二五日　行政刷新会議ワーキンググループ、「国立大学のあり方を含めて見直しを行う」（国立大学法人運営費交付金に関する「事業仕分け」）

二〇一〇（平成二二）年　四月一日　国立大学法人第二期中期目標期間（二〇一六年三月三一日まで）

一二月二四日　閣議決定「二〇一一年度政府予算案」、国立大学法人施設整備費補助金の中に大学教育研究特別整備費五八億円を新設。「機能別分化・連携の推進、教育の質保証、組織の見直しを含めた大学改革を強力に進める」方策を一年以内にまとめることを条件（財務省・文部科学省合意）

二〇一一（平成二三）年　一一月　予算編成に関する政府・与党会議「公開ヒアリング」、期限を区切った強い改革の要請

一二月　財務大臣・文部科学大臣合意文書、一三八億円の「国立大学改革強化推進事業費」新設

二〇一二（平成二四）年　六月四日　文科大臣、国家戦略会議に「社会の期待に応える教育改革の推進」提出

六月五日　文部科学省「大学改革実行プラン」

一〇月二三日　自由民主党教育再生実行本部初会合「基本政策」、学制改革・大学教育の強化ほか

二〇一三（平成二五）年　五月二八日　教育再生実行会議「第三次提言」、学長のトップダウンによる改革を推進するための体制整備には法令改正、学内規定の見直しが必要

一一月二六日　文部科学省「国立大学改革プラン」

一二月二四日　中央教育審議会大学分科会組織運営部会「大学のガバナンス改革について（審議まとめ）」

六月二〇日　学校教育法及び国立大学法人法の一部を改正する法律（二〇一五年四月一日施行）

二〇一五（平成二七）年　六月八日　文部科学大臣決定「国立大学法人の組織及び業務全般の見直しについて」

六月三〇日　各国立大学法人、第三期中期目標・中期計画「素案」を文部科学省に提出（一〇月公表）

二〇一六（平成二八）年　四月一日　国立大学法人第三期中期目標期間（二〇二二年三月三一日まで）

［参考文献］

ＩＤＥ大学協会編『文系の危機』ＩＤＥ現代の高等教育№五七五、二〇一五年一一月
ＯＥＣＤ教育研究革新センター『図表でみる教育 ＯＥＣＤ教育インディケータ』二〇一一年版
大沢勝ほか編『講座日本の大学改革』一九八二年九月～八三年二月
海後宗臣・寺﨑昌男『大学教育』東京大学出版会、一九六九年五月
黒木登志夫『落下傘学長奮戦記 大学法人化の現場から』中央公論新社、二〇〇九年三月
国立大学協会『国立大学協会五十年史』
国立大学法人法制研究会編『国立大学法人法コンメンタール』ジアース教育新社、二〇一二年三月
大学評価学会『大学改革・政策の国際的動向』晃洋書房、二〇一一年三月
日本教育大学協会「教員養成と教育系大学・学部の在り方について」日本教育学会『会報』第八四号、二〇〇二年三月
豊田長康「運営費交付金削減による国立大学への影響・評価に関する研究～国際学術論文データベースによる論文数分析を中心として～」二〇一五年五月
日比嘉高『いま、大学で何が起こっているのか』ひつじ書房、二〇一五年五月
細井克彦・石井拓児・光本　滋編『新自由主義大学改革』東信堂、二〇一四年二月

光本　滋「学校教育法・国立大学法人法改正に伴う『大学ガバナンス改革』」『大学政策・経営における多様性と包摂性』（大学評価学会年報第一一号）晃洋書房、二〇一五年八月
山本健慈『地方国立大学　一学長の約束と挑戦』高文研、二〇一五年三月

［初出一覧］

第二章　光本　滋「国家戦略としての大学改革」民主教育研究所編『季刊　人間と教育』第七五号、旬報社、二〇一二年九月に加筆。
第三章　光本　滋「大学政策の二〇年」『季刊　人間と教育』第七三号、旬報社、二〇一二年三月に加筆。

JAPANESE NATIONAL UNIVERSITIES IN CRISIS (abstract)

Japanese national universities are faced with a serious crisis now. The essence of the crisis is that the governmental control is gaining strength, and academic freedom itself is being lost. This book, which consists of five chapters, considers why such a grave situation is resulting and how we could find the ways out of it.

Chapter 1 examines the tendencies and problems of systems in departments and graduate schools in national universities in Japan. The government openly advocates the argument that the courses for training teachers and humanities in universities should be abolished. Here lie two problems that could not be overlooked: the disrespectful attitude of learning and the powerful control over universities.

Chapter 2 closely follows the process of the governmental control over national universities, which has proceeded although there was a change of regime in 2012. This accounts for the fact that the crisis of national universities is attributable to the very problem that they have ever had.

Chapter 3 considers, from a historical point of view, some problems of systematic managements and financial affairs of national universities. It has been pointed out repeatedly since the post-war period of reformation that national universities do need systematic and financial independence of the government. But no reformation has been made yet, and governmental control over universities has been strengthened together with the progress of administrative reforms.

Chapter 4 discusses the structural problems of the incorporation of national universities. At the outset of it, the government explained that academic freedom would be guaranteed. A little over ten years have passed since it was enforced, but its logic has completely broken down now.

Chapter 5 confirms the position of national universities in Japan by contrast with the situation of universities in the world, and discusses the direction to break through the impending crisis.

小社主催・文化講演会開催2009～2014

第１回　演題　**『図書館に訊け！と訴える』**
講師　井上真琴（大学コンソーシアム京都副事務局長）
2009年11月７日開催

第２回　演題　**『詩人西脇順三郎を語る』**
講師　澤　正宏（福島大学教授／近現代文学）
2010年５月８日開催

第３回　演題　**『江戸時代を考える―鎖国と農業』**
講師　矢嶋道文（関東学院大学教授／比較文化史）
2010年11月20日開催

第４回　演題　**『移動・文化的接触：雑誌「平和」をつくる人びと―日本・アメリカ・イギリスとの交流―』**
講師　坂口満宏（京都女子大学教授／文化史）
2011年５月28日開催

第５回　演題　**『日米の架け橋―シカゴ流よもやま話』**
講師　奥泉栄三郎（シカゴ大学図書館日本研究上席司書）
2011年11月12日開催

第６回　演題　**『今 原発を考える―フクシマからの発言』**
講師　安田純治（弁護士）・澤　正宏（福島大学教授）
2012年６月16日開催

第７回　演題　**『危機に立つ教育委員会』**
講師　高橋寛人（横浜市立大学教授／教育行政学）
2012年12月８日開催

第８回　演題　**『慰安婦問題』**
講師　林　博史（関東学院大学教授／政治学）
2013年７月13日開催

第９回　演題　**『徳川時代の平和』**
講師　落合　功（青山学院大学教授／日本経済史）
2014年７月19日開催

（敬称略。講師肩書きは講演会開催当時のものです）

小社では年２回、講師を招き文化講演会を開催しております。詳細は小社ホームページをご覧下さい。
（http://www.crosscul.com）

光本　滋（みつもと　しげる）

1970年生まれ。北海道大学准教授。
一橋大学社会学部卒、中央大学大学院
文学研究科修士課程修了、同博士課程退学。

論文・編著書

論文

単著「学校教育法・国立大学法人法改正に伴う『大学ガバナンス改革』」『大学政策・経営における多様性と包摂性』（大学評価学会年報第11号）晃洋書房、2015年、単著「国立大学の法人化と大学の自治・学問の自由」日本教育法学会編『教育法の争点』法律文化社、2014年

共編著ほか

共編著『新自由主義大学改革』東信堂、2014年
分担執筆『新自由主義教育改革 その理論・実態と対抗軸』大月書店、2008年
分担執筆『日本の学術行政と大学』東京教学社、2002年

危機に立つ国立大学　　CPCリブレ NO.4

2015年12月25日　第1刷発行

著　者　光本　滋
発行者　川角功成
発行所　有限会社　クロスカルチャー出版
〒101-0064　東京都千代田区猿楽町2-7-6
電話 03-5577-6707　FAX 03-5577-6708
http://www.crosscul.com
印刷・製本　石川特殊特急製本株式会社

ISBN 978-4-905388-99-9 C0037 Printed in Japan